FARID

MEDITATIONS
GUIDEES

SUR LES

CHAKRAS

Editions RECTO VERSEAU

Du même auteur, chez le même éditeur :

RELAXATIONS GUIDEES
POUR LES ENFANTS

MANUEL DE REVITALISATION

A propos de l'Auteur :
Farida Benet enseigne le yoga et la relaxation-visualisation, elle anime également différents ateliers et séminaires de développement personnel.

Collection dirigée par Edmonde Klehmann
Photolithographie : Thiong Toye & Ass.
Photographie de couverture : Roger Chappellu
Copyright © 1992 Editions Recto Verseau
C.P. 12 - 1680 Romont (Suisse)

ISBN : 2 - 88343 - 043 - 8

Dédicace et remerciements

A tous les chercheurs sur le chemin du cœur.
Je remercie tout spécialement
Emmanuel et Jabrane M. Sebnat
pour leur précieuse collaboration.

✳

TABLE DES MATIERES

LES CHAKRAS

Les chakras ont été longuement étudiés et explorés dans la tradition indienne et spécialement par les maîtres en yoga, mais leur équivalent se retrouve dans d'autres enseignements.

Dans cet ouvrage, la présentation des chakras se réfère essentiellement à l'approche yogique.

"Chakra" est un terme sanscrit qui signifie "roue" ou "vortex". Parfois on lui donne également le sens de "centre" car les chakras sont des carrefours de "nadis" ou conduits d'énergie.

Le mot sanscrit "nadis" vient de la racine "nad" qui veut dire mouvement ; c'est le long de ces nadis que ce déplace la force vitale ou énergie pranique.

Des milliers de nadis parcourent notre organisme. Un des buts essentiels du yoga est la purification de ces conduits afin que l'énergie subtile y circule librement.

Parmi tous ces nadis, 14 sont importants et 3 sont essentiels, il s'agit de Ida, Pingala et Shushuma. Ces trois nadis principaux sont comparables aux lignes de haute tension qui conduisent l'énergie au poste de transformation : les chakras.

Comme dans un câble électrique qui contient trois fils, Ida, Pingala et Shushuma représentent les pôles négatif, positif et neutre. Afin de mieux saisir la subtilité des chakras, il est important de comprendre le fonctionnement des nadis.

Ida nadi est le canal négatif, il prend naissance en dessous de la base de la colonne vertébrale, au niveau du premier chakra, et s'élève à partir de la gauche en mouvement sinusoïdal en traversant les autres chakras pour émerger à la racine de la narine gauche en Ajna chakra (troisième œil).

Ida est associé au système nerveux parasympathique, à la détente, à la réceptivité, à l'introversion, c'est le nadi lunaire.

Pingala nadi est le nadi solaire, son énergie est positive et stimulante, il est associé au système nerveux sympathique, à l'action, à l'extraversion. Il suit le trajet opposé à Ida, il commence à droite de la colonne vertébrale, croise Ida en chaque chakra et émerge à la base de la narine droite.

Entre ces deux courants s'élève un courant neutre appelé Shushuma nadi, qui monte directement depuis la base de la colonne vertébrale jusqu'à Ajna chakra où il s'unit avec les deux autres nadis. Chez la plupart d'entre nous, Shushuma est inerte, elle devient momentanément active dans des moments d'extase, d'exaltation, de pulsions très fortes qui peuvent parfois prendre la forme d'accès de folie. La méditation, la concentration, l'équilibre requièrent l'énergie de Shushuma.

Shushuma nadi reste inactif à cause de l'impureté de l'ensemble des nadis ; les purifications corporelles (jeûne, hygiène de vie, nettoyages, respiration, méditation) sont donc très importantes en ce qui concerne l'ouverture de ce nadi.

Lorsque Shushuma nadi s'ouvre, la force de vie "kundalini" s'éveille et s'élève le long de ce canal, libérant sa puissance dans tout le corps. C'est également le début de l'expérience transcendantale.

Il existe différentes pratiques pour permettre l'éveil de cette énergie primordiale, toutefois attention : il est capital de purifier les nadis avant de pratiquer l'éveil de la kundalini. Cet éveil doit s'effectuer progressivement et sous la guidance d'un spécialiste si vous utilisez des techniques particulières.

De plus, il faut distinguer l'éveil de la force kundalini et l'éveil des chakras qui est le propos de cet ouvrage, bien que les deux soient liés. Lorsque les chakras sont purifiés, activés et portés à une fréquence vibratoire supérieure, la kundalini peut les traverser sans danger.

Les chakras apparaissent aux croisements des nadis, c'est ainsi que nous possédons de nombreux chakras. Les principaux que nous allons explorer tout au long de cet ouvrage sont étagés le long de la colonne vertébrale (aux intersections de Ida nadi et Pingala nadi). Ils sont localisés au niveau des cinq plexus nerveux majeurs en relation avec les glandes endocrines.

Rappelons que les chakras, comme les nadis, n'existent pas physiquement, ils ont été perçus en méditation profonde par des sages et des yogis qui les décrivent comme des fleurs de lotus de formes différentes et dont le nombre de pétales varie.

Les chakras sont des relais d'énergie, ils reçoivent l'énergie cosmique des niveaux supérieurs et la transmettent au corps et au mental.

Chaque chakra a une vibration particulière et correspond à une énergie psychique spécifique. Pour le dire d'une manière simplifiée, l'énergie cosmique pénétrant dans un chakra se transforme en une énergie appropriée au corps physique, émotionnel, mental et spirituel, en correspondance avec le niveau de ce chakra.

Les chakras principaux sont au nombre de 7 ; le dernier, Sahasrara, n'est pas toujours considéré comme un chakra parce qu'il est libre de toute influence des nadis, il est parfois défini comme contenant tous les chakras. Deux chakras moins connus sont également présentés dans ce livre : le centre de la rate et le centre "bindu", car leur rôle et fonctionnement sont importants.

A chaque chakra correspond une couleur, des symboles, une planète, un son de base (bija mantra), une note de musique, susceptibles de quelques variations selon les écoles. Vous trouverez ces indications dans les chapitres suivants.

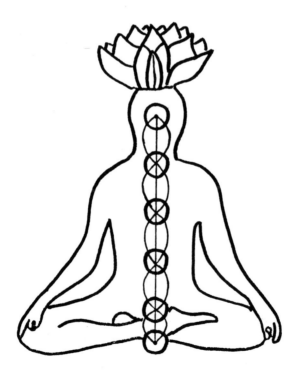

MEDITATION ET VISUALISATION
SUR LES CHAKRAS

Il existe différentes approches pour purifier et activer les chakras, par exemple des postures de yoga, des respirations, des exercices et danses, mais également des purifications physiques. Nous pouvons également les explorer et, c'est le propos de cet ouvrage, par la visualisation et la méditation.

Les différentes visualisations proposées visent à explorer l'énergie psychologique qui se manifeste au niveau de chaque chakra. Ceci dans le but de la connaître, d'en prendre conscience et de la transformer.

Ces visualisations peuvent s'accompagner de pratiques plus physiques, la purification n'en sera que meilleure.

En début de chapitre, le centre psychique est envisagé sur le plan physique et symbolique. Bien sûr, il n'y a pas de chakra positif ou négatif dans le sens de bon ou mauvais, tous ont une importance égale, bien que leur niveau de vibration soit différent. Il sera parfois question de chakras inférieurs ou supérieurs ; il ne s'agit pas d'une échelle de valeurs, mais d'une classification quant à la subtilité de l'énergie qui s'y manifeste.

Il ne s'agit pas de vouloir éveiller immédiatement les chakras supérieurs sans avoir préalablement exploré les chakras inférieurs, l'énergie qui s'y manifesterait ne serait pas harmonieuse.

Nous manifestons tous plus particulièrement un type d'énergie en rapport avec un chakra spécifique. Selon les périodes de notre vie, un chakra peut se manifester plus particulièrement, mais il nous est demandé d'utiliser toutes nos potentialités manifestées et latentes, comme un pianiste qui doit pouvoir jouer sur l'ensemble du clavier.

Un centre énergétique peut être endormi ou inactif, créant un manque d'énergie dans les organes associés ou une incapacité à vibrer sur les niveaux psychologiques et spirituels correspondants.

L'énergie peut également stagner ou se bloquer dans un chakra, créant un dysfonctionnement physique, une fixation psychologique et bloquant également le passage vers le chakra suivant et son épanouissement. Pour chaque chakra sera donc définie l'énergie psychologique qui y correspond dans sa forme harmonieuse, ainsi que dans sa forme disharmonieuse, qui peut s'exprimer physiquement par un dysfonctionnement des organes concernés et sur le plan psychologique par une fixation sur un comportement générateur de souffrance, de rejet, d'autorité, de frustration...

Chaque visualisation est précédée d'une prise de conscience du chakra sur le plan physique, ce qui permet de l'éveiller à ce niveau.

A la fin du chapitre est proposée une méditation. Elle peut être pratiquée en dehors de la visualisation et régulièrement (par exemple tous les jours). La méditation fait d'abord appel à la concentration, se concentrer sur un objet, une couleur, un concept, une forme. Quand la concentration est intense vient alors la méditation, qui est un état d'union avec l'objet de la concentration.

La visualisation est une technique de concentration qui peut conduire à la méditation ou à l'exploration symbolique de son inconscient.

COMMENT UTILISER CET OUVRAGE

Il est possible d'aborder cet ouvrage en lisant l'ensemble des caractéristiques de chaque chakra et de s'intéresser plus particulièrement à celui qui nous concerne.

Cela est conseillé s'il se manifeste un blocage important, physique ou psychologique.

Toutefois, classiquement, il est conseillé d'explorer un à un chaque chakra en commençant par le chakra racine et en remontant jusqu'au centre coronal.

Par la visualisation, vous pourrez prendre conscience de la vibration qui s'y manifeste et explorer vos résistances à laisser circuler cette énergie.

La méditation effectuée tous les jours complétera la visualisation qui peut, quant à elle, être effectuée de temps en temps. Les personnes qui disposent de plus de temps peuvent effectuer visualisation et méditation quotidiennement.

Quand le chakra exploré semble réharmonisé et que vous percevez les résultats dans votre vie relationnelle, professionnelle, affective, vous pouvez commencer l'exploration du chakra suivant. A la fin de la série, vous pourrez revenir en arrière et travailler plus intensément sur le chakra qui vous caractérise.

CONSEILS PRATIQUES

La réussite d'une visualisation passe avant tout par le niveau de détente atteint. Plus la relaxation sera profonde, plus l'inconscient pourra s'exprimer.

Il vous est donc conseillé de choisir un moment propice où vous pouvez bénéficier d'une réelle tranquillité durant au moins 45 minutes.

Choisissez un espace paisible, purifié préalablement avec de l'encens ou des huiles essentielles (thym, citronnelle, sauge...).

En allumant une bougie, en entourant la pièce de lumière ou en récitant une prière de protection, vous installez un climat de confiance dans lequel vous pourrez vous ouvrir complètement.

Pour trouver la position assise confortable, glissez si nécessaire un coussin sous les fesses afin de basculer le bassin et redresser l'ensemble du dos ; relâchez bien les épaules et le visage.

Cette posture est essentielle pour la libre circulation de l'énergie. La visualisation peut se réaliser dans cette posture, mais la position allongée au sol permet une détente profonde et un relâchement complet de la musculature, surtout pour les débutants en méditation.

Une lumière tamisée, des musiques choisies à partir de l'énergie du chakra peuvent vous accompagner et vous permettre d'entrer plus facilement dans un autre univers. Les symboles qui se manifestent peuvent vous sembler inconnus ou incompréhensibles, ne cherchez pas la compréhension mentale immédiate de votre vécu, la vie pourra parfois vous apporter des réponses. De même, si vous n'arrivez pas à tout visualiser une première fois, recommencez car la visualisation et la méditation demandent un entraînement régulier au même titre qu'une discipline physique, et puis respectez vos limites et ne cherchez pas à bousculer tout votre fonctionnement psychologique en une seule fois.

Si vous guidez ces visualisations pour une autre personne ou un groupe, laissez votre intuition s'exprimer et n'hésitez pas à les transformer en fonction du vécu du "voyageur".

A titre indicatif, les temps de pause sont indiqués par des points de suspension. Leur durée varie en fonction du vécu lors de la pratique. Que votre voix soit douce, réconfortante et enveloppante. Permettez à chacun d'utiliser tout le temps dont il a besoin pour réintégrer un niveau de conscience ordinaire.

Des rêves, des rencontres, des changements peuvent survenir et compléter le travail de visualisation et méditation. C'est le signe que l'inconscient accepte vos messages et s'ouvre à la transformation.

Une évolution durable ne peut passer que par une descente dans nos profondeurs, à la rencontre de l'obscurité, car c'est là que se cache notre force de transformation et de guérison.

Puisse cet ouvrage nous aider à ouvrir la porte et découvrir le trésor.

LE CENTRE COCCYGIEN
Muladhara chakra

C'est le chakra racine (mul = racine ; adhara = lieu), il est le siège de la kundalini et le premier des chakras principaux.

Localisation : entre la racine de l'organe génital et l'anus, à la base de la colonne vertébrale.

Organes et glandes associés : anus, intestins.

Maladies et dysfonctionnements physiques : problèmes intestinaux (colite, constipations, diarrhée ...), cancer du côlon, hémorroïdes ...

Couleur : rouge

C'est la couleur du sang, c'est-à-dire de la vie. Un rouge clair et vif stimule, encourage, donne de l'ardeur ; foncé il est le symbole de l'interdit, de la limitation, parfois de la violence.

Note : do

Elément : terre

Planète : Saturne

Energie manifestée dans le centre coccygien

C'est l'énergie de la force vitale et primordiale. Ce centre nous relie au monde des instincts et des pulsions, c'est-à-dire à notre aspect animal. Muladhara chakra est très rattaché aux besoins primaires, à la sexualité dans sa forme physique, aux besoins de manger, d'évacuer.

Dans ce centre, l'énergie est avant tout sensorielle, le besoin de stimulation est important, les réactions sont rapides et primaires, seul le présent est important. Il n'y a pas de place pour la mémoire, le concept ou les sentiments.

Energie disharmonieuse

L'individu qui est régi uniquement par l'énergie de ce chakra est très dépendant de la polarité peur/agressivité. Ces réactions sont très physiques. Les peurs sont souvent des peurs très primaires et viscérales qui peuvent le pousser à être agressif pour survivre : peur de la mort, peur d'être agressé, peur de manquer de nourriture, peur de perdre le territoire. La violence s'exprime d'une manière très physique par des coups, des agressions verbales ou sexuelles. L'individu recherche la satisfaction immédiate de ses besoins qui sont le plus souvent très primaires : aliments, sexualité, excitants... il peut apparaître goulu, aime les plaisanteries grossières et ne s'embarrasse pas de courtoisie ou de savoir vivre.

Energie harmonieuse

L'énergie positive qui se dégage de ce chakra est la force vitale qui permet de réaliser et de construire, c'est le courage, la capacité de se défendre, de satisfaire ses besoins sans violence ni restriction. Les individus qui ont intégré parfaitement cette énergie apprécient la vie et ses plaisirs sans complications ni snobisme.

EVEIL SUR LE PLAN PHYSIQUE

Installez-vous en position assise confortable, fermez les yeux et relâchez les épaules en faisant quelques profonds soupirs...

Pensez à la couleur rouge et à tout ce qui peut l'évoquer (du sang, des fruits rouges...).

Puis inspirez profondément, gardez les poumons pleins en laissant descendre le sternum et contractez les sphincters du rectum en les remontant (comme pour se retenir d'aller aux toilettes), en projetant la couleur rouge dans cette région. Maintenez la position autant que la rétention le permet...

Dès que le besoin d'expirer apparaît, remontez le menton et expirez en prononçant le mantra LAM, LAM, LAM... qui correspond à cette région.

Reprenez la pratique jusqu'à 5 fois, puis relâchez la position pour vous allonger confortablement en restant relié à cette partie de votre corps.

VISUALISATION : *LA JUNGLE DES PEURS ET LA TERRE GUERISSEUSE*

Votre corps est parfaitement allongé sur le sol ... bras et jambes légèrement écartés ... vous occupez tout l'espace dont vous avez besoin ... le souffle s'installe dans l'abdomen ... qui s'élève ... et qui s'abaisse... petit à petit à chaque respiration, votre corps devient lourd ... très lourd ... vos pieds deviennent pesants ... les talons sont collés à la terre ... les jambes sont comme des troncs d'arbres ... lourds, très lourds ... le bassin s'écrase au sol ... comme un sac de sable ... chacune des vertèbres est attirée vers le centre de la Terre ... comme un objet métallique magnétisé par un aimant ... les bras et les mains sont si lourds qu'il est impossible de les bouger ... même d'un millimètre ... la nuque s'écrase au sol ... la tête devient lourde, très lourde comme une boule de plomb ... tout votre corps s'enfonce dans le sol... comme aspiré par la terre...

Mentalement vous pouvez créer la sensation de lourdeur en imaginant des objets ou des animaux très lourds ... votre corps est lourd comme une montagne ... un immense rocher ... lourd comme un éléphant.

Vous restez sur cette image de l'éléphant, vous le voyez parfaitement ... sa couleur ... ses pattes, sa trompe ... tout son corps ... et vous imaginez que vous suivez cet éléphant à travers la jungle africaine ... vous marchez derrière lui ... comme lui dans la savane ... au milieu des arbres, des lianes ... les pieds sur la terre humide ... parfois vous devez traverser de petits marécages ... la boue s'accroche à vos pieds ... l'éléphant marche de plus en plus vite ... en bientôt il vous distance ... et disparaît, vous laissant seul dans la jungle inhospitalière ... vous continuez à marcher seul ... vous avez faim, soif ... les moustiques piquent votre peau ... au loin vous entendez des gorilles ... qui appellent ... puis plus près des fauves qui rugissent ... ils s'approchent de vous à grandes enjambées ... vous accélérez le pas, des gouttes de transpiration perlent sur votre front ... la peur vous tiraille le ventre ... vous commencez à courir ... de plus en plus vite à travers les branches ... un couteau à la main ... pour vous rassurer ... mais les fauves sont à vos trousses ... vous sentez leur haleine chaude ... vous êtes au comble de la peur ... mais vous continuez à courir quand soudain le sol se dérobe sous vos pieds ... vous voilà aspiré dans un puits profond ... votre corps s'enfonce dans la terre ... s'enfonce de plus en plus ... de plus en plus ... vous sentez les parois humides de la terre de chaque côté de votre corps ... et vous arrivez au fond du puits ... tout est noir ... en tâtant avec les mains vous découvrez l'entrée d'un tunnel ... vous avancez lentement à travers ce tunnel ... jusqu'à l'entrée d'une salle souterraine ...

Une torche rouge éclaire la salle voûtée ... au centre de la pièce se tient une statue de terre ... c'est la statue de votre propre corps ... votre propre corps quand il est dans la peur ... la statue exprime votre attitude corporelle face au danger ... à toutes les peurs que vous rencontrez dans votre vie quotidienne ... en vous approchant de la statue ... vous observez et remarquez toutes les zones de votre corps qui sont concernées par cette peur ... vous les notez attentivement, vous pouvez également les énoncer à haute voix ... peut-être se dessine-t-il un symbole pour chaque partie du corps concernée ...

Soudain la statue de terre commence à s'animer et comme si vous regardiez un film à la télévision, vous voyez défiler des situations de peur que vous avez connues il y a longtemps (enfance, adolescence ...) ou que vous vivez actuellement ... vous voyez la statue de pierre évoluer dans la peur ... s'enfuir ou agresser ... rester paralysée ... pleurer ... vous regardez tout cela sans émotion ... mais si elles s'expriment, vous vous permettez de les vivre librement ...

Puis la statue s'immobilise de nouveau. Lentement vous quittez la salle souterraine ... vous reprenez le tunnel ... vous vous hissez à travers les parois du puits ... vous remontez ... vous remontez ... vous remontez ... jusqu'à l'entrée du puits ... vous voilà de nouveau dans la jungle inhospitalière ... là vous attend l'éléphant ... il vous fait signe de le suivre ... vous marchez derrière lui ... à grands pas lourds et pesants ... vous sentez la force de l'éléphant qui peu à peu vous envahit ... à chaque pas que vous posez sur la terre, vous lancez des racines fortes et puissantes vers le cœur de la terre ... vous vous sentez fort, puissant, protégé par la terre ...

L'éléphant vous conduit près d'un marigot ... sur les bords, la terre est humide et argileuse ... vous vous roulez dans cette terre guérisseuse ... vous enduisez les parties de votre corps marquées par la peur pour les guérir ... les purifier ... vous restez un long moment baigné dans cette terre chaude ... comme un enfant dans les bras protecteurs de sa mère ...

Le soleil commence à décliner ... l'éléphant a disparu ... les animaux de la nuit s'agitent ... au loin les tambours résonnent ... vous vous levez et vous marchez dans cette direction ... la fumée d'un feu vous indique qu'un village n'est pas loin ... vous voyez des huttes en cercle ... des gens qui dansent en rythme autour d'un feu ... d'autres qui chantent et frappent les tambours ... une femme vous offre de l'eau en signe de bienvenue ... puis un bol de céréales ... qui viennent apaiser la faim et la soif ... près de vous un vieillard muni d'une flûte fait danser un serpent ... qui se dresse ... telle une flèche vers le ciel ... vous observez, fasciné ... les mouvements ondulatoires de ce serpent ... qui obéit au souffle du vieillard ... et peu à peu votre propre respiration s'amplifie ... la musique magique vous envahit également ... votre colonne vertébrale devient brûlante ... une force la traverse, animant votre corps ... et vous devenez serpent ... l'énergie de vie s'éveille en vous ... vous dansez autour du feu ... en frappant la terre des pieds... en balançant le bassin ... des pieds à la tête, vous sentez la force de vie ... sa puissance qui vous traverse et vous libère ... vous dansez ainsi longtemps ...

longtemps ... les rythmes résonnent dans votre bassin, activant cette énergie de vie ...

Lentement vous reprenez conscience de votre présence, du poids de votre corps allongé sur le sol ... de votre respiration ... vous reprenez conscience des points d'appui de votre corps avec le sol ...

Quand vous le souhaitez, vous amplifiez le souffle ... vous commencez à bouger ... à vous étirer et à ouvrir les yeux ...

MEDITATION

1. Eveil sur le plan physique. (Voir page 15.)
2. En position assise, à partir du sacrum, vous imaginez une corde d'argent qui s'enfonce dans la terre, cette corde se ramifie ... en dizaines de cordes et cordelettes d'argent qui s'éparpillent à l'intérieur de la terre ... comme les racines d'un arbre ...

A chaque inspiration, la terre vous transmet sa force, sa patience, sa générosité ... sa protection ...

A pratiquer durant une dizaine de respirations.
3. Puis amenez la conscience au niveau du troisième œil (entre les sourcils) et visualisez ou imaginez un triangle rouge à l'intérieur duquel se dessine un lingam (pierre dressée en forme de phallus, symbole de Shiva et de la conscience pure) noir autour duquel s'enroule un serpent doré lové trois fois sur lui-même. Pratiquez entre 10 et 30 minutes en continuant de prononcer le mantra LAM.

Relâchez la concentration ... rappelez à vous les cordes et cordelettes d'argent ... pour les concentrer dans le sacrum ...

Inspirez profondément ... ouvrez les yeux ...

LE CENTRE SACRE
Swadisthana chakra

Swadisthàna, le deuxième chakra, est le lieu du soi. Swa signifie soi-même, adisthàna signifie siège, domaine).

Localisation : ce centre est localisé à la racine de l'organe génital et relié au plexus sacré.

Organes et glandes associés : reins et gonades.

Maladies et dysfonctionnements physiques : maladie de l'appareil gynécologique et urologique, troubles de la sexualité.

Couleur : orange

C'est la couleur de la robe des moines en Inde, symbole de renoncement. Mélange du rouge et du jaune, cette couleur est synonyme de douceur et d'équilibre.

Note : ré

Elément : eau

Planète : Jupiter

Energie manifestée dans le centre sacré

Dans le premier chakra, l'individu mange et s'unit pour survivre et assouvir ses besoins instinctifs.

Lorsque l'énergie touche le deuxième chakra, il commence à éprouver du désir, il préfère tel type de nourriture ou de loisir, les relations sexuelles sont plus sensuelles et délicates. Les besoins et désirs se précisent et s'affinent.

A partir du chakra orange, l'individu n'est plus isolé, il se sent relié à un groupe, une famille, une société.

L'appartenance à une tribu, patrie, syndicat, église est très importante pour les individus soumis à l'énergie de ce chakra.

Energie disharmonieuse

Lorsque l'énergie se bloque à ce niveau de conscience, les individus restent fortement attachés à leurs désirs et aux plaisirs qui sont en général conformes aux critères de la société : avoir une belle voiture, une vidéo, des diplômes, une belle femme, une maison à la campagne... Ils peuvent émettre des concepts exagérés sur ce que devrait être la société, l'église, la politique...

De tels désirs ou pensées sont en général dictés par la famille ou la société. Ces désirs sont un frein à la liberté individuelle et peuvent créer des disharmonies.

Les peurs qui apparaissent au niveau de ce centre sont des peurs de rejet par la famille, le groupe d'appartenance, ou la peur d'émettre une opinion différente. C'est la crise que vivent beaucoup d'adolescents, ils remettent en cause les croyances et structures familiales et sociales sans être réellement à l'aise car ils ont aussi besoin de se sentir reliés et, si ce n'est pas à la famille, ce sera aux copains.

Une énergie excessive dans ce chakra conduit à imposer ses pensées et idées aux autres, pour leur bien, évidemment... mais celui qui suit ce chemin s'emprisonne dans cette "vérité" et ne pourra plus y échapper au risque d'être rejeté par son propre groupe.

Energie harmonieuse

Elle se vit lorsque l'individu prend conscience de ses désirs et peut les vivre et les satisfaire sans attachement. Il n'est pas dépendant d'une forme précise de nourriture, de sexualité, de vie sociale... Un tel individu aime le confort et la beauté, mais peut vivre également dans un palace ou une cabane en bois, il accueille toute chose qui arrive avec enthousiasme, comme un cadeau.

Son désir de rencontrer, de créer des liens et une communauté humaine est important, il fait passer le groupe avant sa propre individualité (premier chakra), il accueille changement et transformation avec amour et n'hésite pas lui-même à prendre les risques de l'innovation.

EVEIL SUR LE PLAN PHYSIQUE

Installez-vous confortablement en position assise.

Pensez à la couleur orange et à tout ce qui peut l'évoquer matériellement ou symboliquement.

Inspirez profondément, gardez les poumons pleins en laissant descendre le menton vers le sternum et contractez les muscles du périnée le temps de la rétention poumons pleins, en laissant s'intensifier la couleur orange... pour expirer, relâchez le menton et expirez en prononçant le bija mantra VAM, VAM, VAM...

Reprenez la pratique jusqu'à 5 fois.

VISUALISATION :
LE JARDIN DES SIRENES ET L'ILE DU GRAND DAUPHIN

Puis allongez vous sur le dos, le plus confortablement possible ... permettez à votre corps d'occuper tout l'espace dont il a besoin pour être parfaitement à l'aise ... les yeux se ferment ... la respiration s'apaise ... et là derrière vos yeux fermés apparaît une bouteille ... elle est remplie d'eau pure et fraîche ... lentement vous approchez les lèvres ... et vous commencez à boire ... un sentiment agréable de détente envahit votre bouche ... votre crâne ... votre gorge ... l'eau glisse le long de l'œsophage et la détente envahit vos poumons ... le cœur ... l'eau de détente est maintenant dans l'estomac ... le foie ... le pancréas ... la vésicule biliaire ... la rate ... l'eau glisse et détend l'intestin grêle ... puis le côlon ... elle envahit également les reins ... la vessie ... les organes génitaux ... tous vos organes baignent dans ce liquide de paix, de détente ... l'eau glisse vers les jambes ... les genoux ... les chevilles ... les pieds ...

La bouteille continue à déverser son liquide de détente, et maintenant tout votre corps y baigne ... se détend et se relâche ...

Vous vous transportez sans effort au bord de l'océan ... sur une plage ... il fait chaud ... l'eau est tiède ... vous nagez dans l'eau ... vous jouez avec les vagues ... l'eau caresse votre corps nu ... tout est agréable ... mais quelque chose vous appelle à aller plus loin ... alors vous plongez la tête sous l'eau ... et vous commencez à nager comme un poisson ... sans besoin de respirer. Vous descendez ... vous descendez ... à travers les algues ... les bans de poissons ... la lumière du soleil a disparu ... vous continuez à descendre ... à descendre ... vous arrivez au fond de l'océan ... il y a là un immense coquillage orange ... vous pénétrez à l'intérieur de ce coquillage ... vous entrez dans le paradis des sirènes ... elles vous accueillent avec des guirlandes de fleurs ... vous vous installez confortablement ... des parfums exquis ... des musiques douces créent une ambiance paradisiaque ... une sirène s'approche ... elle vous invite à énoncer tous vos désirs ...

Ici, dans ce paradis, tous vos souhaits peuvent être réalisés ... il suffit de demander ...

Vous commencez à énoncer tout ce que vous avez toujours souhaité avoir ou être sur le plan physique ... sur le plan émotionnel ... sur le plan mental ... sur le plan spirituel ...

Tout ce que vous avez souhaité posséder, toucher, embrasser, créer, apparaît devant vous ... mais au moment où vous vous apprêtez à consommer ce rêve, un mot retentit à l'intérieur de vous :

LIBERTE - LIBERTE

Ce mot prend soudain une importance mystérieuse et inconnue jusque-là ... LIBERTE, LIBERTE, ce mot résonne dans le jardin des sirènes ...

Alors une longue hésitation s'installe à l'intérieur de vous ... suis-je ces désirs ? Qu'est-ce que la liberté ?...

Alors devant vous réapparaissent toutes les choses que vous avez demandées et à chaque apparition, la même question : suis-je cela ? Suis-je ce travail tant souhaité ? Suis-je ce château ? Suis-je ce désir ? ... Vous pensez à la chose qui vous tient le plus à cœur... Suis-je ce désir ? ...

Et peu à peu tout ce que vous avez rêvé depuis toujours disparaît ... la musique et les parfums quittent le jardin des sirènes ... qui devient désert ... le mirage s'envole ... et vous restez seul au fond de l'océan avec ces deux questions : qu'est-ce que la liberté ? Qui suis-je ? Vous continuez à nager ... vous explorez la solitude qui vous habite ... l'absence de désirs ...

QUI SUIS-JE ? ...

Un dauphin s'approche de vous ... avec son museau, il vient vous tapoter le dos ... comme pour vous réveiller de vos songes ... il a envie de jouer avec vous ... il vous entraîne dans un tourbillon ... et vous voilà sur son dos ... ensemble vous nagez ... vous jouez ... vous oubliez le temps ... le paradis des sirènes ... les questions ...

D'autres dauphins vous rejoignent ... ils appartiennent tous à la même famille ... ils vous invitent à partir en voyage avec eux ... à travers l'océan pour rejoindre d'île du Grand Dauphin ... la traversée de l'océan avec les dauphins est très agréable ... tout est prétexte à jouer ... lorsqu'un danger guette, le groupe se rassemble et s'entraide ... parfois vous accompagnez des bateaux ou aidez des marins en difficulté ...

Les désirs et plaisirs disparaissent au fil du voyage ... plus rien n'a d'importance si ce n'est rejoindre l'île du Grand Dauphin ... bientôt cette île approche ... elle est formée de milliers de coraux de toute beauté ... dans la partie sous-marine de l'île se sont creusées des cavernes de coraux où des dizaines de dauphins se retrouvent ... pour rencontrer le Grand Dauphin ...

Dans la salle où se tient le Grand Dauphin, chacun entre individuellement ... sur la porte d'entrée .est écrit en lettres orange ... :

QUEL EST LE DESIR QUE TU N'AS JAMAIS OSE REALISER ? ...

La réponse à cette question ouvre la porte ... pour rencontrer le Grand Dauphin ...

Alors, intérieurement, vous recherchez le désir le plus secret qui vous habite et dont vous n'avez jamais osé parler ...

La porte s'ouvre ... et vous entrez dans la salle du Grand Dauphin ... l'espace est totalement vide ... une force et une joie immense commencent à vous envahir ... tout votre corps se met à vibrer ... en un instant tout devient possible ... votre champ de conscience s'élargit infiniment et la réponse surgit comme une acclamation : JE SUIS CELA, JE SUIS CET INFINI, JE SUIS LIBRE DE REALISER CE QUE JE DESIRE DANS MA VIE !

Cette phrase résonne en vous avec un accent de liberté ...

Lorsque vous sortez de la salle du Grand Dauphin ... des amis dauphins vous attendent ... ils vous reconduisent à la surface de l'eau ... vous commencez à monter ... à monter ... à monter ... le soleil réapparaît ... puis l'air frais et vous surgissez de l'eau comme une nouvelle naissance ... les vagues vous accompagnent vers la plage ... les cocotiers ... le sable ... le soleil ...

Lentement vous amplifiez le souffle ... pour réveiller votre corps ... vous vous étirez... vous prenez tout le temps dont vous avez besoin pour revenir ici et maintenant ...

Après cette visualisation, vous pouvez, si vous le souhaitez, prendre un cahier : sur la page de gauche, vous notez tous les désirs auxquels vous vous êtes identifié au début de la visualisation ; en face de chaque désir, vous écrivez : SUIS-JE CELA ? et également la provenance de ce désir (famille, éducation, société ...).Sur la page de droite, en haut, vous écrivez JE SUIS et en dessous tout ce que vous n'avez jamais osé être ou faire ...

Et chaque jour, vous relisez ces deux pages, quand vous êtes prêt, vous brûlez la page de gauche, tout ce que nous n'êtes pas et que vous vous obligez à être.

MEDITATION

1. Eveil sur le plan physique. (Voir page 23.)
2. La conscience se place au niveau du troisième œil (entre les sourcils) et là vous visualisez un lac agité de grandes vagues ... ce sont les vagues de vos désirs ... sur ce lac vogue une barque ... cette barque représente votre être essentiel ... la barque est secouée par les vagues ... par moments elle risque de chavirer ... vous visualisez cette scène ... intérieurement vous répétez le mantra VAM ... et peu à peu les vagues diminuent d'intensité ... le lac s'apaise ... et vous continuez ainsi jusqu'à ce que la surface de l'eau soit totalement calme et paisible ... la barque glisse alors délicatement à la surface du lac, vers la lumière ... vers le soleil ... et vous restez ainsi quelques instants dans la contemplation du lac paisible et de la barque élancée vers la lumière ...

LE CENTRE SOLAIRE
Manipura chakra

Manipura signifie la cité des joyaux (mani = pierreries ; pura = cité). Il est le centre du feu, il brille comme un bijou, rayonnant de vitalité et d'énergie.

Localisation : au niveau du nombril, en relation avec le plexus solaire.

Organes et glandes associés : tous ceux concernés par l'assimilation : estomac, pancréas, foie, vésicule biliaire, mais également les surrénales.

Maladies et dysfonctionnements physiques : troubles digestifs, diabète, stress, fatigue, états dépressifs...

Couleur : jaune

C'est la plus chaude et ardente des couleurs, symbole de jeunesse et de fertilité (or). Le jaune représente aussi la saison de l'automne où la terre et les arbres se dénudent, signe annonciateur de déclin et de vieillesse.

Note : mi.

Elément : feu

Planète : Mars

Energie manifestée dans le centre solaire

C'est dans ce chakra que l'ego est le plus puissant, et l'ego sépare. Aussi dans ce chakra jaune apparaît la notion de "moi" et des "autres". Si dans le centre précédent, l'énergie s'exprimait d'une manière physique et relationnelle, dans Manipura chakra apparaît la rationalisation, le goût pour l'analyse et les concepts. L'énergie est tournée vers l'avenir, les planifications, les projets, sans qu'il y ait réellement de réalisation (celle-ci appartient au premier chakra).

Energie disharmonieuse

L'intelligence et la brillance mentales qui se développent au niveau de ce chakra peuvent glorifier l'ego plus que servir l'humanité.

L'individu se délecte de ses connaissances et théories sans réellement connaître la réalité des choses. Il organise et structure le monde autour de sa personne. Il aime s'entourer de gens qui le flattent et qui appartiennent à une certaine classe, il est très susceptible et souffre s'il n'est pas reconnu. Il aime que les choses se déroulent comme il en a décidé et cède facilement à la tendance de se conduire en patron tyrannique ou en chef de famille autoritaire.

L'amour qui s'exprime dans ce chakra est un amour intéressé, qui attend une reconnaissance, même affective, en retour.

Les changements et les transformations sont à l'honneur dans ce chakra, car l'ego espère toujours trouver mieux ailleurs, et cela peut conduire à l'insatisfaction et à la jalousie.

Ceux qui n'utilisent pas l'énergie manifestée dans ce centre sont des éternelles victimes, martyrs de leur patron, des collègues de travail, de la société, ils vivent essentiellement dans le passé ou dans un futur basé principalement sur la survie. Ils sont incapables d'émettre une opinion, un concept.

Energie harmonieuse

Celui qui sait utiliser harmonieusement l'énergie du chakra jaune n'hésite pas à mettre son intelligence au service de l'humanité. Il reconnaît les capacités des autres, leur laisse une place de responsabilité et de collaboration. Sa vision est globale, il envisage dans sa démarche l'utilité sociale de sa recherche (les individus du chakra bleu peuvent l'aider) et la manière de la réaliser (reliée au chakra rouge).

Il utilise sa force intérieure, son magnétisme, non pour briller, mais pour dynamiser le monde qui l'entoure. Enfin il prend conscience qu'en œuvrant pour le monde, il bénéficie également de cette évolution car il n'est pas différent ni séparé.

EVEIL SUR LE PLAN PHYSIQUE

Installez-vous confortablement en position assise. Fermez les yeux. Pensez à la couleur jaune et à tout ce qui l'évoque ...

Inspirez profondément, puis expirez profondément... en prononçant le mantra RAM, RAM, RAM... bloquez les poumons vides, descendez la gorge sur le sternum et creusez le ventre pour remonter l'estomac vers les poumons. Maintenez quelques secondes... dès que vous souhaitez inspirer, relâchez le ventre, remontez la tête et inspirez...

Effectuez 1 ou 2 respirations normales avant de reprendre la pratique jusqu'à 5 fois.

Puis inspirez profondément, descendez le menton, restez les poumons pleins en gonflant le ventre et en poussant le nombril vers l'avant, comme si vous vouliez faire éclater une ceinture autour de la taille, puis relâchez et expirez profondément en prononçant le mantra RAM, RAM, RAM. Reprenez plusieurs fois.

VISUALISATION : *LA PYRAMIDE ET LE CERCLE D'ETRES DE FEU*

Puis allongez-vous confortablement sur le sol, en ayant soin de vous couvrir ... et effectuez quelques profondes respirations ... en amenant le souffle jusque dans le bas ventre ... puis amenez la conscience dans le pouce droit ... et votre pouce droit devient chaud ... très chaud ... la chaleur envahit les autres doigts ... index ... majeur ... annulaire ... auriculaire ... la chaleur est dans toute votre main droite ... elle monte vers le poignet ... l'avant-bras ... le coude ... puis réchauffe l'ensemble du bras droit ... tout le bras droit est chaud ... très chaud ... la chaleur diffuse dans l'épaule droite ... le côté droit de la poitrine ... une douce sensation de chaleur se répand dans votre visage à droite ... tandis que le ventre se réchauffe ... et toute la partie droite de votre dos ... le bassin commence à se réchauffer ... puis la jambe droite ... d'abord la cuisse ... puis le genou ... le mollet ... et enfin la chaleur atteint le pied droit ... et chacun des orteils ...

Tout le côté droit de votre corps est chaud, intensément chaud ... alors que le côté gauche reste pour l'instant froid et endormi ...

Commencez à réchauffer le côté gauche comme précédemment, mais en commençant par le pied et en remontant vers la tête et la main ... d'abord les orteils ... puis le pied ... le mollet ... le genou ... la cuisse ... toute la jambe ... le bassin ... la partie gauche du dos ... le ventre ... le côté gauche de la poitrine ... l'épaule ... le visage à gauche ... le bras ... le coude ... le poignet ... la main ...

Votre corps est chaud ... très très chaud ... vous vous souvenez d'un moment de votre vie où vous avez eu très chaud ... sur une plage ... dans un désert ... et vous retrouvez cette sensation intense de chaleur ... de feu intérieur et extérieur ... vous sentez ou visualisez ou imaginez la proximité d'un feu de bois ... la chaleur des flammes ...

Vous êtes seul dans la nature ... près d'un feu ... c'est la nuit ... ce feu vous réchauffe ... vous protège ... vous êtes fasciné par les flammes ... vous les voyez danser ... chaque flamme est différente, bien qu'elles s'unissent pour former le feu ... vous méditez quelques instants sur cette complémentarité des flammes ... cette harmonie qui les réunit ...

Quelqu'un s'approche de vous à pas lents ... c'est un habitant de la nature ... un berger qui garde des moutons dans cette région depuis de nombreuses années ... il s'approche du feu ... et ne craint pas de placer ses mains sur les flammes ... ce vieux berger a pour seul compagnon son chien et il est très heureux de parler avec un être humain ... il aimerait vous connaître ... connaître votre vie ... alors vous commencez à lui parler de vous ... de tout ce qui fait votre individualité, ce qui vous caractérise ... vos études, votre métier, votre famille ... vos connaissances et vos plaisirs ... tous vos projets ... le berger vous écoute, émerveillé ... il ne sait ni lire ni écrire ... son seul univers depuis des années, c'est la montagne, les moutons, l'hiver, une cabane dans un petit village avec son chien ... le récit de sa vie est très simple et très court ...

Alors vous continuez à parler de vous ... de vos idées sur la vie ... la politique ... la religion... et votre feu intérieur s'active ... le feu de la vie qui vous habite ...

Les étoiles brillent intensément dans le ciel ... le vieux berger décide de partir ... il s'éloigne lentement ... il va rejoindre son troupeau ... et en le voyant partir, vous considérez tout ce qui vous sépare de cet être ... vos vies tellement différentes ...

Vous songez à votre vie quotidienne et à tous les gens qui vous entourent ... et pour chaque domaine de votre vie, vous choisissez la personne la plus importante ou celle avec qui vous avez le plus de relations ...

Vous choisissez au maximum cinq personnes...

Lorsque le choix est réalisé, vous considérez la première personne et vous laissez venir à la conscience très clairement tout ce qui vous différencie de cette personne ... en considérant d'abord ce que vous n'aimez pas chez elle .... tout ce qui vous dérange dans son langage ... son attitude ... ses habitudes ...

Puis vous envisagez tout ce que vous aimez chez elle ... tout ce qui vous fait envie et que vous ne pouvez pas vivre vous-même ...

Quand ces deux images sont posées, vous analysez le type de relation que vous établissez quotidiennement avec cette personne ... vous sentez-vous inférieur, dominé, non reconnu ? Ou au contraire est-ce vous qui cherchez à manipuler ... à imposer votre opinion, à dominer ... ?

Cette personne est-elle un modèle pour vous ou au contraire pensez-vous que vous avez des choses à lui apprendre ... ? Lorsque vous vivez cette relation, votre feu intérieur est-il brûlant de vie ou éteint et froid ? ....

Limitez votre analyse de la relation à ce niveau de réflexion et procédez ainsi pour chacune des personnes choisies ...

Lorsque vous avez envisagé le niveau de relation avec tous ces êtres ... mentalement vous créez une pyramide dans laquelle vous allez inscrire votre nom et le nom de ces êtres, en plaçant au sommet de la pyramide la personne la plus dominante ... celle qui a une personnalité supérieure ... dominante par son intelligence ... ses capacités ... ou peut-être vous-même ... en bas de la pyramide vous inscrivez mentalement le nom de la personne la plus dominée ... sans personnalité ... ni pouvoir ... et entre ces deux pôles ... vous disposez les autres noms... en fonction de leur degré de pouvoir et de soumission ...

Visualisez attentivement cette pyramide ... témoin de vos relations, des différences que vous faites dans votre esprit ...

Revenez dans l'espace du feu ... sous les étoiles... et jetez cette pyramide dans les flammes ... regardez brûler ce qui caractérise l'ego ... la séparativité ... la différence ... le pouvoir ... le besoin d'être reconnu ... regardez tout cela brûler et disparaître en étincelles de lumière ...

Lorsque la pyramide a totalement disparu, appelez un par un tous ces êtres qui partagent votre vie ... et laissez-les s'installer en cercle avec vous autour du feu ... appelez également le vieux berger ... il représente votre contraire ... tous ces êtres sont assis avec vous dans un même cercle ... autour de ce feu de joie ... et pour chaque être assis là se dégage une qualité divine ... chacun est une manifestation de la Création ... prenez le temps d'écouter la vibration manifestée en chacun de ces êtres ...

Dans ce cercle, chacun occupe une place équivalente, chacun est unique ... et pourtant si semblable aux autres ... comme les étoiles au-dessus de vous ... tellement identiques et pourtant aucune n'est la même ... chaque étoile est importante et pourtant aucune n'est indispensable dans l'immensité de l'univers ...

Lentement vous vous dirigez vers le feu, au centre du cercle ... vous prenez une bûche enflammée dans ce feu universel ... et vous vous dirigez vers chacune des personnes qui compose ce cercle ... vous donnez à chacune une étincelle de lumière en disant son nom et "je reconnais en toi le feu de (nommer la qualité)" ... et vous faites ainsi pour chacun des êtres du cercle ...

Le cercle est devenu un cercle d'êtres de lumière, d'êtres de feu ... le feu de la vie ... votre cercle devient un cercle de flammes uniques, qui dansent dans l'harmonie ... pour former un grand feu ... le feu de la Création ...

Lentement vous laissez chacun de ces êtres quitter l'espace ... puis c'est à votre tour de partir ... le feu s'est éteint ... à l'horizon un autre feu apparaît, c'est le soleil qui pointe ses rayons ...

Vous revenez lentement à la présence de votre corps ... ici et maintenant ... à la chaleur de votre corps ... à votre propre rythme vous bougez les extrémités ... orteils, doigts ... langue ... puis vous réveillez tout votre corps ...

MEDITATION

1. Eveil sur le plan physique. (Voir page 31.)

2. En position assise confortable, fermez les yeux et conduisez la conscience au niveau du plexus solaire et imaginez dans cette zone un soleil à dix rayons ...

A chaque inspiration, le soleil rayonne et s'épanouit ...

A chaque expiration, la lumière jaune pénètre à l'intérieur de chacune des cellules de votre corps ...

Et ceci pendant plusieurs respirations, en prononçant le mantra RAM sur les expirations ...

Puis gardez la même visualisation sur l'inspiration, mais en expirant envoyez la lumière de votre soleil vers une personne de votre entourage qui est actuellement en manque d'énergie, de vitalité, ou également vers une région de la planète ...

LE CENTRE DU COEUR
Anahata chakra

Anahata signifie "non frappé" (an = non ; hata = frappé), dans ce chakra se manifeste le son primordial, source de tous les sons : le battement du cœur.

Localisation : au niveau de la glande du thymus : entre la gorge et le centre de la poitrine.

Organes et glandes associés : le cœur, le système respiratoire et sanguin, le thymus. Le thymus est une glande encore assez méconnue, pourtant elle tient une place importante dans notre système immunitaire, elle transforme les lymphocytes fabriqués dans la moelle épinière en lymphocytes T et K qui induisent la production d'anticorps en cas d'agression de l'organisme. Le thymus régresse après la puberté et s'atrophie en cas de maladies chroniques et aiguës et de stress répétés. La relation thymus - cancer se précise de plus en plus, cette glande semble jouer également un rôle important dans la guérison de nombreuses maladies, elle redonne de la vitalité et de la jeunesse à l'ensemble du corps.

Maladies et dysfonctionnements physiques : anémie, hypertension, palpitations, asthme, bronchite.

Couleur : vert

C'est la couleur du printemps, de la renaissance, de la patience et de l'espérance. Le vert se situe entre le violet et le rouge, entre le chaud et le froid, entre le yin et le yang. Il est facteur de paix et traduit le retour à la nature, à la mère.

Note : fa
Elément : air
Planète : Vénus
Energie manifestée dans le centre du cœur

Le chakra vert est le premier des chakras du haut ou chakras d'accomplissement. Peu de gens expérimentent une énergie harmonieuse et constante au niveau de ces chakras. L'humanité est en train de réaliser ce passage vers le chakra du cœur, certains ont déjà trouvé cette demeure de paix et appellent à les rejoindre.

C'est Manipura chakra (le centre solaire) et sa raison qui freinent l'épanouissement du centre du cœur qui est la demeure de l'amour inconditionnel. La tête interfère souvent avec l'élan spontané et généreux du cœur. Dans le développement de l'enfant, lorsque celui-ci parvient au chakra du cœur, il cherche à avoir des amis, il accepte de partager, de donner, plus tard, ce sera son premier amour.

Dans ce chakra, l'ego s'efface, la réalité est envisagée d'une manière entière et globale, naît le désir d'être uni, d'appartenir à quelqu'un, d'être ensemble. Le besoin de sécurité apparaît également à partir de ce chakra, mais il s'agit plus d'une sécurité émotionnelle et spirituelle que physique (premier chakra), il s'agit du besoin d'être relié, à quelque chose ou à quelqu'un.

Energie disharmonieuse

Le danger qui guette le chercheur, au niveau de ce chakra est l'ATTACHEMENT. L'individu est attaché à l'objet de son amour, il a peur de la perdre, il a peur de l'absence, de la mort. L'individu sous l'emprise négative de ce chakra peut être possessif et jaloux.

Si dans le chakra précédent l'énergie était focalisée vers la reconnaissance de l'ego, ici elle s'exprime plus en terme de possessivité : c'est "ma" femme, "ma" maison. Le besoin d'être rassuré et de recevoir de l'amour en retour est important dans ce chakra. L'individu peut rechercher à l'excès la possession, en accumulant de l'argent, des diplômes, des terres... Si dans le premier chakra, les possessions permettaient de survivre, de répondre aux besoins immédiats, ici, elles nourrissent le besoin de se sentir relié et exister. Cela peut conduire à l'avarice ou à s'épuiser dans des activités débordantes (infarctus des hommes d'affaires).

Energie harmonieuse

Elle appartient aux sages, aux fous de Dieu qui développent l'amour inconditionnel, aiment sans raison, sans rien attendre en retour. L'amour est libre de toute peur, de tout barrage intellectuel ou raisonnable, de tout critère de beauté. L'être qui expérimente une telle énergie jouit de chaque instant de vie, de son confort, de sa famille, mais il est prêt à tout perdre à chaque instant. Il accepte de *mourir avant de mourir* comme disent les soufis.

Il ne veut plus être quelqu'un ou quelque chose, posséder quelqu'un ou quelque chose, il est l'enfant du moment. Un tel être est généreux, mais sans chercher la reconnaissance. Il ne désire rien et n'attend rien, il agit conformément à l'ordre cosmique, il s'accepte et s'aime tel qu'il est et développe la même attitude pour ce qui l'entoure. Il ne cherche pas à transformer. Un tel amour peut prendre des formes différentes comme le maître qui n'hésite pas à être sévère ou à renvoyer son disciple si cela est juste.

EVEIL SUR LE PLAN PHYSIQUE

En position assise confortable, tapotez vigoureusement le point correspondant au thymus (à mi-chemin entre la gorge et le centre de la poitrine) ; ce point est légèrement douloureux. Pratiquez ceci jusqu'à ressentir de la chaleur au niveau de ce point.

Puis prenez conscience de la couleur verte et de tout ce qui peut symboliser cette couleur... 3 à 4 minutes.

Placez la conscience au niveau de la poitrine en essayant de percevoir ou d'entendre ou d'imaginer les battements de votre cœur... 2 à 3 minutes. Gardez votre esprit attentif à ce son sans source extérieure.

Puis amplifiez la respiration, en la localisant dans la poitrine. En inspirant, dilatez la poitrine au maximum, en expirant rétractez la poitrine au maximum en prononçant le bija mantra YAM, YAM, YAM... ceci durent un cycle de 10 respirations, puis ramenez les mains au niveau de la poitrine, en prière, et restez présent dans l'espace du cœur en continuant de répéter le mantra intérieurement... puis allongez-vous confortablement au sol.

VISUALISATION : *LE PETIT ENFANT INTERIEUR ET LE VOYAGE DE LA MONTGOLFIERE*

Glissez votre conscience au niveau des points d'appui de votre corps sur le sol ... par exemple en commençant au niveau des talons ... vous vous situez entre le talon droit et le sol ... et cet espace s'agrandit comme si le talon ne touchait plus le sol ... faites de même avec le talon gauche, puis la conscience remonte entre la jambe droite et le sol ... la jambe droite devient très légère ... elle flotte au-dessus du sol ... faites de même à gauche ... la conscience s'installe entre le bassin et le sol ... et votre bassin s'allège ... il devient aussi léger qu'un sac de plumes ... la conscience remonte le long de la colonne vertébrale et le sol ... votre dos ne pèse plus rien ... les bras deviennent très légers, ils ne touchent plus le sol ... les mains sont comme des papillons ... très légers ... la tête ressemble à un ballon gonflé d'air ... les paupières sont délicatement posées ... vous laissez un petit espace entre les lèvres ... tout votre corps est léger ... très léger ... il flotte au-dessus du sol ... votre corps est léger et bercé dans un nuage de coton ...

Et vous vous laissez transporter par ce nuage, il y a plusieurs années ... alors que vous n'étiez qu'un petit enfant ... un petit bébé ... vous voyez cet enfant que vous avez été ... dans ses habits de l'époque ... ses cheveux ... son visage ... ses yeux pleins de gaieté et de malice ... son sourire ... vous revoyez également la chambre qui était la vôtre ... votre jouet préféré ... la maison de votre enfance ... ou un endroit que vous aimiez tout particulièrement ... vous vous installez dans le paysage de votre enfance ...

Le petit garçon ou la petite fille que vous étiez va voir s'approcher sa maman, peut-être est-ce votre vraie maman ou peut-être une maman que vous créez maintenant pour quelques minutes ...

Elle prend l'enfant que vous étiez dans ses bras ... caresse ses cheveux ... regarde ses yeux ... le serre avec amour contre son cœur ... puis la maman vous tend le bébé, l'enfant que vous étiez ... c'est à vous de le prendre dans les bras ... et l'enfant que vous étiez devient petit ... très petit ... tellement petit que vous le déposez dans votre cœur ... et là, dans votre cœur, à cet enfant que vous étiez, vous lui donnez tout l'amour qu'il n'a pas reçu et qu'il aurait aimé recevoir ... tous les Noëls illuminés ... toutes les vacances ensoleillées ... tous les jouets ... toutes les douceurs ... les tendresses ... les réconforts ... tout ce qu'il aurait aimé recevoir et qu'il n'a pas reçu, vous le donnez avec amour à votre petit enfant intérieur ... ce petit enfant intérieur s'endort tendrement dans votre cœur ...

Maintenant, derrière vos yeux fermés, vous voyez la personne qui vous est le plus chère ... la personne que vous aimez le plus ... son corps ... son visage ... sa bouche ... vous entendez sa voix ... vous sentez l'odeur de sa peau ... le contact de ses mains ... vous plongez dans ses yeux profonds et brillants ... et puis vous imaginez ou visualisez votre propre corps assis en face de cette personne chère ... vous êtes assis en face d'elle ... et vous sentez tout l'amour que vous lui portez ... tout l'amour qu'elle vous donne ... tout le chemin parcouru ensemble ... les moments de bonheurs intenses ... vous pensez également à tous les moments difficiles ... vous lui dites tout ce que vous n'avez jamais osé lui dire ... lui avouer ...

Tous ces liens qui existent entre vous se matérialisent par des cordes de lumière qui partent de votre propre être vers son être ... vous observez la localisation de ces attachements sur votre corps ... sur son corps ... la forme qu'ils adoptent en vous enchaînant l'un à l'autre ... alors lentement vous décidez de défaire ces liens ... vous utilisez tous les moyens symboliques nécessaires ... vous prenez tout le temps dont vous avez besoin ... si des émotions apparaissent, laissez-les s'exprimer sans retenue ...

Maintenant vos deux êtres sont libres, détachés l'un de l'autre ... (si tous les liens ne parviennent pas à se défaire, n'insistez pas et recommencez la visualisation jusqu'à y parvenir) ... et prononcez intérieurement : "tu es libre ... je suis libre ... je t'aime ..." et lentement vous commencez à vous éloigner ... vous regardez cet(te) ami(e) comme si c'était le dernier regard, la dernière rencontre ... et dans votre cœur naît le sentiment que la séparation n'existe pas ... que tout est toujours uni ... vous continuez à vous éloigner ... votre compagnon(gne) est de plus en plus loin, vous arrivez près d'une montgolfière ... une immense montgolfière verte et lumineuse ... vous montez à l'intérieur ... tout autour de la montgolfière sont attachés des sacs ... chaque sac représente vos possessions matérielles, financières, affectives ... vous observez chacun des sacs ... ce à quoi vous tenez le plus sur cette terre ... plus les attachements sont forts, plus les sacs sont lourds et grands ...

Un vent léger s'élève ... la montgolfière vacille ... et cherche à décoller ... mais elle est trop lourde ... vous choisissez de détacher un sac ... le plus petit ... il représente votre plus petit attachement ... puis un autre sac ... et la montgolfière de votre cœur commence à s'élever ... lentement ... elle quitte le sol ... et vous continuez à lâcher les sacs ... un à un vous abandonnez tous les attachements qui alourdissent la montgolfière de votre cœur ... en bas sur la terre vous voyez votre compagnon qui vous encourage d'un signe de la main ... les sacs et les attachements qu'ils représentent quittent votre cœur ... et maintenant il ne reste plus qu'un seul sac, le plus gros ... celui qui représente votre attachement le plus fort ... vous prenez tout le temps dont vous avez besoin pour le détacher et le laisser retourner à la terre ...

Quand cela est accompli ... alors votre montgolfière est libre, totalement libre ... elle vogue dans le bleu immense et infini du cosmos ... votre cœur est léger ... libre ... pur ... il devient comme une rose ... une rose épanouie ... une rose aux mille pétales ... et depuis la montgolfière verte vous lancez des pétales de rose à tout l'univers ... le pétale de la joie ... de la beauté ... de la paix ... de l'abondance ... toutes les qualités qui jaillissent de votre cœur se répandent dans l'univers ... sous forme de pétales qui vont apaiser, réconforter, encourager ...

Lentement la montgolfière redescend ... redescend ... elle revient vers la terre ... vers cet endroit où vous êtes allongé ... vous voyez le toit de la maison ... votre corps posé sur le sol ... votre visage ... vos yeux ... la respiration s'amplifie ... les doigts et les orteils s'animent ... vous bougez lentement la langue ... la tête et, quand vous le souhaitez, vous ouvrez les yeux.

MEDITATION

1. Eveil sur le plan physique. (Voir page 41.)

2. Vous visualisez dans l'espace du cœur une étoile de David à cinq branches (deux triangles réunis), à l'intérieur duquel brille une flamme de bougie droite et immobile, symbole de l'âme individuelle non concernée par les activités du monde extérieur... et ceci tout en prononçant le bija mantra YAM de 10 à 30 minutes.

LE CENTRE DE LA GORGE
Vishuddha chakra

Shuddha signifie purifié et vi signifie grand au-delà de toute comparaison ou analyse, discrimination.

Localisation : la gorge

Organes et glandes associés : glandes thyroïde et parathyroïdes, cordes vocales et larynx.

Maladies et dysfonctionnements physiques : angine, goitre, dysfonctionnement thyroïdien, troubles de l'expression et du métabolisme.

Couleur : bleu

C'est la couleur du calme, de l'évasion, de l'immensité du ciel, le bleu invite à la détente, au voyage.

Note : sol

Elément : éther

Planète : Mercure

Energie manifestée dans le centre de la gorge

Avec Vishuddha chakra, nous entrons dans la série des chakras Yin ou réceptifs, les trois premiers chakras étant Yang et actifs. Dans ce centre l'énergie conduit à la conceptualisation, à la synthèse et à la vérité. Il ne s'agit pas de la logique du troisième chakra qui démonte et analyse, la perception est ici globale, non fondée sur la logique, elle rassemble l'ensemble des connaissances passées.

Le centre laryngé est aussi l'expression de la créativité, de la sensibilité, de l' être intérieur, mais non pour attendre une reconnaissance. Il s'agit plus de participer à la création qui a pris place depuis des milliers d'années. C'est le chakra des artistes, des philosophes de la paix.

Energie disharmonieuse

Elle se manifeste lorsque l'individu reste attaché aux traditions, il refuse d'innover, craint le changement qui pourrait perturber la paix existante. Des troubles apparaissent également lorsque l'expression a été freinée ou refoulée, ces individus n'osent pas parler, créer, refuser, exister par eux-mêmes. Il leur est difficile d'exprimer leurs émotions, de parler dans un groupe ou en public.

Inversement, une énergie excessive peut conduire à la domination et à la manipulation mentale.

Energie harmonieuse

Lorsque l'énergie est harmonieuse dans ce centre, la force créatrice s'exprime quotidiennement, offrant à l'humanité ses œuvres constructives sur tous les plans, intellectuel, artistique, spirituel...

Les individus qui vibrent connectés à ce chakra sont des amoureux de la paix qu'ils servent avec dévotion, ils savent faire une synthèse intelligente de leur vie actuelle et de leurs incarnations passées pour en recueillir les fruits et les offrir au monde entier.

EVEIL SUR LE PLAN PHYSIQUE

Installez-vous en position assise confortable et fermez les yeux. Pensez à la couleur bleu clair et à tout ce qui peut l'évoquer.

Puis guidez la conscience dans l'espace de la gorge... en laissant diffuser cette couleur bleu dans cet espace ...

En inspirant, descendez le menton vers le sternum pour comprimer la gorge ... en gardant les poumons pleins, basculez la tête vers l'arrière en ouvrant la gorge, puis en expirant, laissez jaillir le son HAM comme un cri qui explose ...

Reprendre cette pratique jusqu'à 7 fois.

Puis repoussez la langue, en l'enroulant pour qu'elle touche l'arrière du palais, gardez cette position autant de temps que possible, en continuant de répéter le mantra HAM, HAM, HAM ...

Puis relâchez complètement.

VISUALISATION : *LE PASSE DE LA TERRE ET LA MONTAGNE DE LA CREATIVITE*

Allongez-vous sur le dos, occupez tout l'espace dont vous avez besoin pour vous sentir complètement confortable ...

Relâchez les pointes des pieds qui tombent sur les côtés ... l'arrière des genoux se relâche pour se poser sur le sol ... le bassin s'étale agréablement ... le dos s'enfonce dans la terre comme un sac de sable ... les épaules sont tirées vers les pieds ... les bras et les jambes s'alourdissent ... tout le visage se détend ... les mâchoires se desserrent ... les paupières supérieures sont délicatement posées sur les paupières inférieures ... le front est lisse ... la chevelure tombe comme un cascade d'eau pure ... tout votre corps s'abandonne complètement ...

La conscience s'installe dans la main droite ... avec infiniment de lenteur, la main droite se ferme ... le mouvement est si lent que l'on pourrait croire que vous êtes totalement immobile ... vous seul percevez ce mouvement infiniment

lent ... plus le poing se ferme, plus la détente envahit votre corps ...

Lorsque le poing droit est complètement fermé,
alors avec encore plus de lenteur ... vous fermez le
poing gauche ... infiniment lentement ... et au
rythme des doigts qui se ferment ... la détente s'installe dans vos émotions ... la paix vous envahit ...
un sentiment de paix infini ...

Lorsque les deux poings sont fermés, alors
toujours plus lentement et imperceptiblement, les
deux poings s'ouvrent en même temps ... les
doigts se desserrent ... l'air pénètre dans le creux
des mains ... et la détente envahit tout votre
esprit ... les pensées s'allègent, s'envolent ...
comme les oiseaux libres de leur cage ...

Plus le mouvement est lent, plus la détente est
importante ...

Quand les deux poings sont ouverts ... votre
corps et votre esprit sont totalement détendus ...
apaisés ...

La conscience vient se placer dans l'espace de la
gorge ... sans modifier le souffle ... qui s'est installé
dans l'abdomen, vous percevez le léger frôlement
de l'air dans la gorge sur l'inspir ... et sur l'expir ...
comme un vent léger qui frémit dans les
feuillages ... vous restez ainsi à savourer ce voyage
du souffle à travers la gorge ...

Vous revenez à la présence globale de votre
corps ... déposé sur le sol ... et léger ... sans résistan-
ce ... de légères brumes l'enveloppent ... des va-
peurs de paix ... votre corps s'abandonne dans les
bras de ce nuage bleu ... léger ... très léger ... et lentement ce nuage vous transporte dans un paysage
naturel et sauvage que vous connaissez bien ... un
espace de nature ... qui pour vous symbolise la

paix ... vous marchez à travers ce paysage familier ... c'est la fin de l'après-midi ... la lune commence à apparaître légèrement ... elle est toute ronde ... vous empruntez un chemin ... votre corps est léger et paisible ... la température est douce ... les odeurs du crépuscule vous ravissent l'esprit ... tout est calme et brillant sous la lumière de la lune qui se fait de plus en plus lumineuse ... vous continuez à marcher quand vous apercevez une immense montagne ... c'est la première fois que vous la remarquez dans ce paysage ... intrigué par cette nouvelle apparition ... vous vous dirigez vers cette montagne ... guidé par la lune ... vos pas s'accélèrent, foulant la terre accueillante ...

Vous vous rapprochez de la montagne ... pour découvrir qu'à ses pieds s'étale un petit lac ... bleu ... vous vous arrêtez au bord du rivage ... pour vous reposer ... la lune se reflète à la surface de l'eau ... en vous penchant, vous voyez votre propre visage qui danse avec les vaguelettes ... soudain la surface de l'eau se trouble ... d'autres décors apparaissent, le lac vous ramène dans le passé ... un passé très très lointain ... alors que la Terre n'était qu'une jeune planète ... couverte d'océans ... et là sur ce lac magique va se dérouler l'histoire de la Terre ... la formation des continents... les premiers être vivants ... les algues ... puis les premiers végétaux et animaux ... l'évolution de l'espèce animale ... l'homme et tout ce qu'il a vécu à travers les siècles de son évolution ... prenez tout le temps dont vous avez besoin pour vous souvenir ou imaginer ... car tout ce passé est inscrit dans chacune de vos cellules ...

Vous arrivez maintenant à vous-même, à votre venue sur cette planète dans cette individualité qui vous caractérise ... vous considérez votre vie actuelle, en rapport avec ces milliards d'années déjà écoulées ... et vous découpez votre vie en trois périodes égales ... depuis la naissance jusqu'à aujourd'hui ...

Vous considérez la première période ... les premières années de votre vie, et vous laissez revenir à votre mémoire un souvenir particulièrement important de cette période. ... vous revoyez la scène de votre enfance ou adolescence et tout ce qui la caractérise ... les décors ... les personnages ... vous-même avec votre corps de l'époque ... puis vous élaborez un mot qui pourrait résumer cette période ... en exprimer l'essence ...

Vous considérez la deuxième période ... et vous faites de même ... un souvenir se rapportant à cette période jaillit, dévoilant un nouveau décor ... un nouveau corps ...

Vous élaborez un mot ou un concept qui pourrait résumer cette période ...

Vous entrez maintenant dans la dernière période qui s'étale jusqu'à aujourd'hui ... un souvenir en émerge ... plus détaillé, peut-être plus intense ...

Vous élaborez un mot qui le résume et en exprime l'essence ...

Vous considérez ainsi ces trois périodes d'une manière globale et les trois concepts qui les caractérisent ... le lac bleu s'apaise, vous êtes de nouveau sous les étoiles ... au bord de l'eau ... sur laquelle dansent ces trois mots ... symboles de vos expériences passées ... vous décidez de laisser le lac et le passé qu'il symbolise ... vous buvez trois gorgées d'eau ... chacune est porteuse du concept d'une période de votre vie ... c'est la force de la richesse de cette période ... de votre passé que vous buvez ...

lentement vous quittez cet espace pour continuer vers la montagne ... elle symbolise l'accès à l'avenir nouveau et incréé ... vous commencez à grimper ... à chaque pas les mots résonnent en vous ... en vous donnant la force de continuer ... de grimper toujours plus haut .... vers le sommet de la montagne ... cette montagne est belle ... magique ... vous continuez à grimper ... ébloui par la splendeur de la Création ... à quelques mètres du sommet se dessine une caverne accueillante ... largement ouverte sur l'extérieur ... la lune en éclaire l'intérieur ... dans cette caverne se trouvent représentés tous les symboles de l'expression et de la créativité ... un livre et une plume ... des instruments de musique de toutes sortes ... un pinceau et une toile ... des instruments à sculpter ... des tissus ... de la terre à pétrir ... du métal et du bois à façonner ... un miroir ... tout ce qui permet la création et l'expression se trouve réuni dans cette caverne ... vous choisissez un de ces instruments ... celui qui vous appelle ... même si vous n'en connaissez pas l'utilisation ... vous emportez cet instrument avec vous ... vous quittez la caverne ... plus que quelques pas et vous atteignez le sommet de la montagne ...

Depuis le sommet de la montagne ... vous découvrez un désert immense et vierge ... symbole de votre avenir incréé ... vous vous installez confortablement ... contre un arbre ... face à ce désert inconnu et infini ... tout est possible, tout vous appartient ... l'avenir est devant vous ... le passé vous nourrit, il est derrière vous ... dans vos mains se trouve l'outil de votre création ... autour de vous le monde, la Terre, l'humanité ont besoin de cette créativité pour continuer à se perpétuer ... à grandir, à se réaliser ... lentement votre esprit s'éclaire ... vos mains s'animent ... votre voix s'élève ... votre corps danse ... vous laissez libre cours à votre créativité ... comme jamais vous ne l'avez fait auparavant ... chaque œuvre qui prend forme, chaque idée, s'envole vers le désert de l'avenir ...

Les premières lueurs du jour s'éveillent ... le soleil pointe ses rayons à l'horizon ... la lune pâlit ... l'astre de vie s'élève de plus en plus ... venant éclairer l'ensemble de votre création ... pour la féliciter ... l'envelopper de lumière ...

Lentement vous quittez le sommet de la montagne ... vous descendez par l'autre flanc ... dans vos mains vous tenez votre outil de création ... vous descendez parmi la vie qui s'éveille paisiblement ... vous revenez ici et maintenant ... à la conscience de votre corps posé sur le sol ... à la respiration qui n'a pas cessé... et vous l'amplifiez profondément et lentement ...

MEDITATION

1. Eveil sur le plan physique. (Voir page 48.)

2. Songez au mot PAIX ... entendez ce mot résonner à l'intérieur de vous ... voyez ces quatre lettres écrites devant vous ... et laissez votre esprit établir toutes les associations qu'il désire autour de ce concept ... qu'est-ce que la Paix ? ... Quels sont les personnages qui symbolisent pour vous la Paix ? ... Des personnages familiers ou inconnus... Quels sont les obstacles à la paix ? ... Dans votre vie ... dans le monde ... comment pouvez vous apporter la paix ... en vous, autour de vous ... sur la terre ? ...

Laissez votre pensée englober tout ce concept de la paix ...

3. Visualisez une grotte immense et profonde ... de fines gouttelettes coulent sur les parois de la grotte ... leur chute vers le sol résonne dans tout l'espace ... chaque goutte qui tombe s'unit à la précédente pour former le mot PAIX ... gardez votre esprit attentif à cette image ... à cette lente formation ...

Votre gorge elle-même devient comme une grotte ... vous y ressentez de fines gouttelettes de lumière qui perlent ... un nectar délicieusement frais et doux ... créant une sensation de bonheur et de paix ... dans tout votre être ...

LE CENTRE FRONTAL
Ajna chakra

Le mot : "ajna" signifie : "commande", on appelle également ce centre, le centre du "troisième œil".

Localisation : au niveau du front, entre les sourcils.

Organes et glandes associés : glande pituitaire, elle régit toutes les autres glandes du corps. Elle est également appelée hypophyse, son influence sur l'ensemble du fonctionnement de l'organisme est très importante. Son également reliés à ce chakra : le nez, le nerf optique, la partie inférieure du cerveau, le système nerveux.

Maladies : troubles des oreilles, de la vue, maux de tête, désordres nerveux.

Couleur : indigo

Cette couleur se situe entre le bleu et le violet, elle prédispose à l'étude et à la dévotion.

Note : la

Elément : conscience

Planète : Lune

Energie manifestée dans le centre frontal

Dans ce chakra, l'énergie se manifeste d'une manière très subtile, ce centre est relié au néo-cortex, encore peu développé chez la plupart d'entre nous. C'est le centre de l'intuition et de toutes les facultés supérieures : clairvoyance, clairaudience, télépathie...

Dans ce chakra se développe la faculté de concevoir d'une manière abstraite et illogique. Il n'y a pas de place pour la logique de premier niveau, le savoir est totalement intuitif et immédiat, il ne dépend pas d'un apprentissage. La perception qui se développe à partir de chakra est une perception d'ensemble, la capacité de ressentir et de concevoir l'avenir est grande. C'est le chakra des voyants, des guérisseurs, mais également des prophètes et des maîtres spirituels.

La présence dans ce chakra dispose à la méditation, à la concentration, à la visualisation, aux expériences mystiques.

Energie disharmonieuse

Le doute bloque l'énergie de ce chakra, ne pas croire en ce que l'on perçoit et refuser d'écouter "sa petite voix" intérieure.

A l'opposé, un manque d'équilibre avec les autres centres peut conduire l'individu d'Ajna chakra à se couper totalement de la réalité.

Il vit alors dans ses rêves, dans un futur toujours plus lointain, il oublie facilement son corps et tout ce qui concerne la vie matérielle dans laquelle il n'est pas à l'aise.

Un des dangers liés à ce chakra est de confondre "vision" et "rêve" ; ce sont les faux prophètes qui reçoivent des messages dictés par leurs peurs ou leurs désirs. Ils deviennent alors des fanatiques de guerres saintes, de catastrophes et de fin du monde dont un seul groupe d'élus pourra échapper. Ils attendent avec fièvre la venue d'extra-terrestres pour un voyage vers une autre galaxie dont ils connaissent déjà tous les secrets.

Energie harmonieuse

Nous avons tous connu des éclairs d'intuition, nous laissons tous parler à un moment notre voix intérieure plutôt que la raison. Mais seuls les maîtres et les êtres éveillés séjournent en permanence dans l'espace de ce chakra. Ils mettent leur intuition au service d'un disciple, d'un groupe ou d'une société, ils ont dépassé la notion de temps, d'individualité et de norme pour écouter les messages de leur cœur et de l'univers. Ils sont optimistes, mais restent reliés à la vie concrète et matérielle, bien qu'ils soient totalement détachés de la réalité sensorielle.

L'accès au niveau de conscience offert par Ajna chakra réclame un travail assidu sur les peurs, l'ego, l'individualité, les attachements, c'est-à-dire tout ce qui caractérise les chakras précédents. Nous pourrions dire qu'Ajna chakra s'ouvre et se développe quand tous les chakras précédents ont été harmonisés.

EVEIL SUR LE PLAN PHYSIQUE

Installez-vous en position assise confortable.

Ressentez, visualisez ou pensez à la couleur indigo et à tout ce qui peut l'évoquer...

Mouillez votre index et pressez un point situé entre les sourcils...

Disposez une bougie allumée à 50 cm de vous, fixez attentivement sans bouger la flamme de la bougie dans sa partie la plus brillante, sans cligner des yeux et ceci jusqu'à ressentir un picotement dans les yeux (sans aller jusqu'à la gêne)...

A cet instant fermez les yeux et observez les phosphènes qui se manifestent sous forme de couleurs ou de formes... gardez cette image intérieure le plus longtemps possible, puis relâchez les yeux... et reprendre. La pratique peut durer jusqu'à 10 minutes.

Fermez les yeux et restez concentré dans cet espace entre les sourcils. En inspirant, conduisez mentalement le souffle entre les sourcils pour qu'il se concentre en point de lumière indigo ... gardez les poumons pleins en intensifiant la lumière dans ce centre, en expirant prononcez le mantra AUM, AUM, AUM ... en laissant toute cette lumière se répandre dans votre corps et ceci 7 fois.

VISUALISATION : *LA FORET OBSCURE ET LA RENCONTRE DU GUIDE*

Puis allongez-vous sur le dos ... le plus confortablement possible ... et nommez toutes les parties de votre corps en suivant un circuit précis qui commence avec le pouce droit.

Côté droit : pouce, deuxième doigt, troisième doigt, quatrième doigt, cinquième doigt, dessus de la main, intérieur de la main, poignet, avant-bras, coude, bras, épaule, dessous du bras, poitrine, côté, taille, hanche, cuisse, genou, mollet, cheville, dessus du pied, cinquième orteil, quatrième orteil, troisième orteil, deuxième orteil, gros orteil, dessous du pied.

Côté gauche : du pied à la main, selon le même trajet.

Centre : le sommet du crâne, front, œil droit, œil gauche, entre les yeux, oreille droite, oreille gauche, narine droite, narine gauche, pointe du nez, lèvre supérieure, lèvre inférieure, menton, cou, sternum, entre la poitrine, plexus solaire, nombril, bas ventre, pubis, sacrum, vertèbres lombaires 1, 2, 3, 4, 5, vertèbres dorsales 1, 2, 3, 4, 5, 6, 7,

8, 9, 10, 11, 12, vertèbres cervicales 1, 2, 3, 4, 5, 6, 7, sommet du crâne.

Songez à un problème particulier qui vous préoccupe en ce moment... à une question importante dont la réponse vous permettrait d'effectuer un choix ... de prendre une direction ... une décision ... puis oubliez momentanément cette question ... vous l'utiliserez un peu plus tard ... et observez le souffle qui entre et sort des narines ... il vient chatouiller la lèvre supérieure ... par la volonté du mental vous dirigez le souffle de la manière suivante :

- en inspirant l'air pénètre par la narine droite
- en expirant il ressort par la narine gauche
- en inspirant l'air entre par la narine gauche
- en expirant il sort par la narine droite ... et vous continuez ainsi à diriger mentalement le souffle ... peu à peu vous pourrez sentir que l'air suit exactement le déroulement de la pensée ... il suit le trajet d'une pyramide dont le sommet est le point situé entre les sourcils et la base, la sortie des deux narines.

Après 12 respirations de ce type, vous laissez les deux narines respirer normalement, sans contrôle ... vous oubliez la respiration et vous restez concentré uniquement dans cet espace entre les sourcils ... un peu à l'intérieur du front ... dans cet espace apparaît un écran blanc géant ... comme un écran de cinéma ... sur cet écran apparaît une forêt ... une forêt pleine de vie et accueillante ... un chemin se dessine à l'intérieur de la forêt ... et vous marchez sur ce chemin ... à travers les arbres ... les fleurs ... les buissons ... pourtant vous ne les voyez pas car l'obscurité est totale, c'est une nuit sans lune ...votre pas est hésitant ... la marche est lente ... vous percevez tout ce qui se déroule autour de vous d'une manière intuitive ... sans la lumière du soleil ou de la lune, vos yeux de chair ne voient pas ... vous vous dirigez grâce aux sons ... au toucher ... mais surtout par vos perceptions extrasensorielles ... vous continuez à évoluer ainsi sans peur dans cette immense forêt .... peu à peu la végétation devient moins dense ... vous voilà dans une clairière ... vous la connaissez bien ... sans hésiter vous vous dirigez vers le plus bel arbre ... votre arbre ami ... vous pouvez communiquer avec lui ... comme avec un être humain .... vous le saluez ... vous l'enlacez de vos bras ... vous sentez l'écorce contre votre corps ... vous sentez la sève qui circule ... comme votre sang qui circule dans vos veines ... vous sentez son cœur qui bat ... ses vibrations pleines d'amour et de force ... et lentement vous confiez tous vos doutes à cet arbre ami ... vos doutes dans votre vie affective ... professionnelle ... artistique ... spirituelle ... tout ce qui vous fait douter de vous-même ... de vos intuitions ... de votre créativité ... vous le confiez à l'arbre ... cet arbre ami accueille tout cela et le transmet à la terre ... par ses racines ... afin que la terre le transforme ... en clarté pure ... votre fusion avec l'arbre s'intensifie ... vous ne sentez plus l'écorce ... vous ne sentez plus votre peau ... vous êtes l'arbre ... vous êtes la forêt ...

Lentement vous reprenez conscience de votre respiration ... de la présence de l'arbre ... vous desserrez les mains du tronc ... vous le saluez et vous reprenez votre marche aveugle ... votre pas est plus assuré ... il s'accélère même ... vous vous dirigez avec assurance vers une cabane de berger ... elle est ronde ... en pierre ... vous pénétrez à l'intérieur ... c'est comme un petit temple ... sur le sol vous vous asseyez ... au centre du temple vous disposez une bougie allumée ... un cristal pur et transparent ... et un objet personnel auquel vous êtes attaché ... un objet de pouvoir ou de protection ... votre regard se perd dans le cristal magique et lumineux ... vous formulez une prière ou une formule sacrée de votre choix ... une forme apparaît au cœur du cristal ... c'est votre guide qui se manifeste ... prenant forme dans le cristal ... c'est peut-être un animal ... un symbole ... une être ir-réel ou vivant ... votre guide est maintenant de-vant vous dans le temple ... vous le regardez atten-tivement ... ouvrant votre cœur à sa présence ... si c'est la première fois que vous le rencontrez, vous lui demandez son nom ... puis vous lui posez la question que vous avez définie en début de médi-tation *(voir page 60)* ... recevez la réponse qui peut prendre différentes formes : paroles ... objet ... sym-bole ... votre guide apporte la réponse à votre ques-tion ... il peut également vous toucher ... puis l'image du guide devient floue, vous le remerciez de sa présence ...... il se laisse peu à peu aspirer par le cristal ... dans votre cœur est entrée la réponse du guide ... il est également possible que la réponse se manifeste dans quelques jours dans votre vie quotidienne ... vous éteignez la bougie ... vous ra-massez le cristal et les autres objets ... et quittez le temple avec respect ... dehors les premières lueurs du matin éclairent la petite cabane ... la clairière ... votre arbre ami est là ... vous découvrez avec les yeux tout ce paysage que vous avez traversé dans l'obscurité ... vous retrouvez le chemin que vous avez effectué ... le soleil danse à travers les feuillages ... les doutes se sont envolés ... lentement vous revenez à la présence de votre corps allongé sur le sol ... vous amplifiez le souffle ... et commencez lentement à bouger les extrémités ... puis tout le corps ...

MEDITATION

1. Eveil sur le plan physique. (Voir page 58.)

2. Fixez un point devant vous puis, sans bouger, regardez le plus haut possible ... ensuite dirigez le regard entre les sourcils ... un peu à l'intérieur ... essayez de suspendre les pensées ... si des pensées parasites s'imposent, ne les entretenez pas ... laissez les traverser votre mental ... comme des nuages qui traversent le ciel bleu ... sans l'affecter ...

Cette pratique peut se réaliser les yeux ouverts ou fermés ... gardez quelques instant cette concentration ... puis percevez une petite étoile lumineuse ... dans cet espace d'Ajna chakra ... elle peut apparaître et disparaître ... si vous ne la voyez pas, imaginez-la ...

Continuez à observer cette étoile ou à la guetter ... puis relâchez complètement ...

Au fur et à mesure de la pratique, l'étoile va se manifester plus spontanément, témoignant de l'activation de ce chakra.

LE CENTRE CORONAL
Sahasrara chakra

Sahasrara est le lotus aux mille pétales (sahasra = mille, ara = pétale de lotus).

Localisation : sommet du crâne

Organes et glandes associés : glande pinéale ou épiphyse. Nous connaissons peu de chose sur cette glande, pour les yogis, elle représente le lien entre le corps physique et les plans subtils de l'être humain.

Sont également reliés à ce centre : le cerveau et le système nerveux.

Maladies et dysfonctionnements physiques : hypertension, tumeur au cerveau, folie, désordre nerveux.

Couleur : violet

Composé de rouge et de bleu, le violet marie le ciel et la terre, la passion et l'intelligence, l'amour et la sagesse. C'est la couleur des évêques, signe de la connaissance et du pouvoir spirituel. Il est également le signe de la mort en tant que passage vers l'au-delà.

Son : si

Elément : supraconscience

Planète : Soleil

Energie manifestée dans le centre coronal

C'est le plus haut des centres psychiques, il est le domaine de l'accomplissement et symbolise le seuil entre le domaine psychique et spirituel. Ce chakra est visualisé comme un lotus aux mille pétales qui se déploie à l'infini, il contient tous les chakras.

C'est au niveau du Sahasrara qu'a lieu l'union mystique de Shiva et de Shakti, c'est-à-dire la conscience pure avec la matière et l'énergie.

Sahasrara chakra est le centre de la réalisation de soi, de l'illumination, l'ego est transcendé, l'union divine se réalise.

Energie disharmonieuse

Elle apparaît également dans ce chakra lorsque l'on recherche à l'éveiller sans avoir purifié les peurs ou les désirs de puissance qui habitent les autres chakras.

L'individu utilise alors l'énergie qui se manifeste à ce niveau de conscience pour asservir autrui, il crée des castes d'esclaves. Il manipule les gens, influence leur esprit, transforme l'image d'eux-mêmes.

C'est l'exemple type du "gourou" de sectes aux pouvoirs psychiques et magnétiques très développés.

Energie harmonieuse

Elle se rencontre lorsque l'état d'un avec l'univers est atteint. L'être humain est alors totalement conscient de lui-même et de son environnement, il devient l'incarnation du Créateur, il maîtrise la force de la kundalini, la dirige parfaitement et la transforme en force créatrice pour l'humanité.

Vivent à ce stade les saints et les grands maîtres, les guérisseurs, les chamans, les alchimistes. Ils ont pouvoir sur la matière et l'esprit et peuvent réaliser des miracles ou des matérialisations.

A un niveau plus simple, nous entrons dans ce niveau de Sahasrara en état de méditation. La vraie méditation se réalise lorsqu'on atteint l'état

d'union avec sa divinité, le vide ou l'univers...
ceci est différent de la capacité de visualisation qui
appartient à Ajna chakra.

Cet état de méditation ou de samadhi peut
prendre place quelques secondes parfois, nous donnant un avant-goût de la félicité, il s'accompagne
d'une perte de la notion de temps, d'espace et d'individualité.

L'individu devient le Tout et se fond dans la lumière. Au fur et à mesure de l'évolution spirituelle, ces états se multiplient et se précisent pour de-
venir le niveau de conscience habituel des êtres
réalisés.

EVEIL SUR LE PLAN PHYSIQUE

Installez-vous en position assise de méditation.
Placez les deux mains paumes vers le pubis entre 5
et 7 cm du corps et fermez les yeux.

En expirant, contractez les sphincters de l'anus
et du périnée.

En inspirant, montez les mains le long du corps
sans le toucher, à la fin de l'inspir les bras sont en
coupes, paumes ouvertes vers le ciel, le visage est
dans cette même direction.

Gardez les poumons pleins, en imaginant la lumière qui passe entre les bras et pénètre par le sommet du crâne.

En expirant, redescendez les bras et les mains le
long du corps (entre 5 et 7 cm du corps) en distri-
buant l'énergie dans tous les chakras.

A la fin de l'expir, gardez les poumons vides
quelques secondes et contractez les sphincters de
l'anus et du périnée, les mains sont devant le
pubis.

Effectuez ainsi 7 ouvertures et distributions, en étant toujours maître du souffle, pour cela n'hésitez pas à diminuer les rétentions poumons pleins.

Après cette pratique, redisposez votre corps en alignant le dos, les mains se posent sur les genoux, pouces et index joints, les trois autres doigts sont serrés et dépliés vers le haut.

Amenez la conscience au sommet du crâne, un peu au-dessus du corps, et là visualisez une main de lumière blanche qui irradie de la lumière vers le sommet de votre crâne, restez quelques instants dans cette conscience ... puis laissez l'image de la main disparaître.

VISUALISATION : *LE MARIAGE DIVIN*

Ceux qui supportent aisément la position assise la garderont pour effectuer cette méditation, les autres peuvent s'allonger sur le dos.

Vous invoquez la lumière ou le plus haut nom divin (sans lien obligatoire avec une forme de religion particulière). Cette pratique permet de purifier l'espace.

Ralentissez votre respiration et concentrez-vous sur un point central dans votre tête ... c'est une lumière dorée au centre de la tête ... vous percevez cette lumière ... elle active un soleil un peu au-dessus et en arrière de cette lumière centrale ... ces deux soleils deviennent de plus en plus lumineux ... ils correspondent à la glande pituitaire et pinéale ... vous observez ces deux lumières ... et vous vous identifiez à la lumière centrale ... vous sentez un élan d'amour pour le deuxième soleil ... vous devenez amoureux de ce soleil ... puis vous

vous déplacez vers le deuxième soleil manifesté ... vous observez la lumière centrale et vous en devenez amoureux ... puis les deux soleils vont s'unir ... dans un amour divin ... en émanant un rayon de lumière très brillant l'un vers l'autre ... ce rayon de lumière pénètre à l'intérieur du cœur de chacun ... et accélère la vibration de chaque cœur ... en augmente la luminosité ... alors ces deux soleils s'unissent ... ils grandissent et deviennent un seul soleil ... qui illumine toute la tête ... un seul soleil qui rayonne dans toute la tête ...

Le soleil de la tête diffuse des rayons vers le chakra du cœur ... il devient amoureux du chakra du cœur ... nourri de cet amour, le chakra du cœur s'illumine et devient un soleil ... ce soleil du cœur envoie à son tour avec amour ses rayons vers le soleil de la tête ... par la rencontre des rayons du soleil du cœur et du soleil de la tête, le chakra de la gorge commence à s'activer ... et devient à son tour un soleil ... il reçoit l'amour du soleil cœur et du soleil tête ...

Vous pouvez ressentir maintenant ces trois soleils qui brillent intensément ... qui grandissent nourris par leurs rayons respectifs ... ils s'unissent pour former un seul soleil ... les trois soleils deviennent un seul soleil qui illumine toute la tête, la poitrine ...

Ce soleil rayonnant envoie ses rayons d'amour et de passion vers le deuxième chakra ... qui devient à son tour un point de lumière ... puis un soleil ... le soleil du centre sacré envoie ses rayons d'amour et de passion vers le soleil des centres supérieurs duquel il est né ... dans cette étreinte réciproque, le soleil du centre sacré s'enflamme ... entre ces deux soleils brillants ... naît un soleil dans le centre du plexus solaire ... il s'embrase au contact du soleil sacré et du soleil supérieur ...

Vous pouvez ressentir ces trois soleils ... qui grandissent ... s'illuminent pour ne former qu'un seul soleil ... les chakras de la tête, de la gorge, du cœur, du plexus et du centre sacré sont unis en amour dans un seul soleil ...

Ces six centres réunis se connectent au chakra racine ... qui devient à son tour un soleil ... il envoie des rayons d'amour vers le soleil duquel il est né ... de cet amour réciproque, ces deux soleils se fondent dans un soleil unique qui embrase tous les centres psychiques, tous les chakras ...

Le soleil de votre être envoie ces rayons vers le Soleil de la Terre, au cœur de la planète ... le Soleil Terre vous embrase aussi, vous expérimentez la fusion avec la Mère Terre ...

Vous envoyez également et en même temps des rayons vers le Soleil du ciel, du paradis ... il y a trois soleils qui s'unissent en amour comme des amants enlacés : le Soleil du Père Ciel - le Soleil de la Mère Terre - le Soleil de l'Enfant en vous ... Ces trois soleils se marient pour ne faire qu'un ... dans la famille divine ... la trinité devient Une ...

MEDITATION

1. Eveil sur le plan physique.
2. Visualisez au sommet du crâne un lotus étincelant aux mille pétales...

A l'inspir visualisez un flot de lumière blanche qui monte depuis le premier chakra vers le sommet du crâne par l'arrière du corps et prononcez "SO"... cette lumière nourrit le lotus aux mille pétales... qui resplendit et s'ouvre de plus en plus ...

En expirant, le souffle redescend sous forme de lumière blanche par l'avant du corps pour rejoindre Muladhara chakra. Vous prononcez alors "HAM"... "SO HAM" signifie "JE SUIS CELA"...

Vous pratiquez ainsi 12 respirations ou plus, le trajet du souffle forme un œuf de lumière étincelant au-dessus duquel se tient le lotus aux mille pétales...

Puis vous restez concentré au sommet du crâne dans la présence du lotus et vous répétez intérieurement ou à voix basse : "OM MANI PADME HUM" (le mantra bouddhiste qui salue le diamant à l'intérieur du lotus)...

LE CENTRE BINDU

Bien qu'il ne soit généralement pas mentionné parmi les chakras principaux, Bindu est un centre psychique important, mais que l'on connaît peu en général. Il est situé à l'arrière du crâne, au niveau de la tonsure des moines ou de la queue de cheval de certains moines hindous.

C'est le centre où se manifestent les sons psychiques, il est donc spécialement développé chez les clairaudients.

Activation de Bindu

En position assise confortable, inspirez profondément et expirez en bourdonnant comme une abeille, bouche fermée. Le son doit résonner dans tout le crâne.

Pratiquez jusqu'à 12 respirations.

Puis visualisez un minuscule croissant de lune dans un ciel très clair, la nuit...

LE CENTRE DE LA RATE

Comme le précédent, ce centre n'est pas cité au rang des chakras majeurs, pourtant Michel Coquet le présente comme un centre particulièrement important puisqu'il canalise et distribue l'Energie solaire vers tous les autres centres.

Il véhiculerait également l'énergie ancestrale.

Ce centre correspond à l'organe rate et se localise au niveau des vertèbres dorsales 4 et 5.

Le dysfonctionnement de ce centre entraîne fatigue, anémie, baisse de la vitalité et des défenses naturelles.

Activation du centre de la rate

Visualisez un cordon de lumière qui relie ce centre au Soleil. En inspirant la lumière pénètre depuis l'astre de vie dans le centre énergétique (4e et 5e vertèbres dorsales) et en expirant cette lumière se diffuse dans l'organe rate.

L'ENSEMBLE DES CHAKRAS

Ces pratiques apportent une réharmonisation de l'ensemble des chakras. Elles permettent la répartition de l'énergie dans tous les centres, aident au recentrage, apportent équilibre et calme intérieur.

EVEIL SUR LE PLAN PHYSIQUE

Installez-vous en position assise confortable.

Inspirez et expirez profondément plusieurs fois pour inviter le corps à se relâcher au maximum ... et fermez les yeux ...

Puis inspirez profondément et gardez les poumons pleins pour effectuer les contractions suivantes :

- contractions des sphincters de l'anus et du périnée
- contraction de l'abdomen (l'estomac remonte vers les poumons)
- contraction de la gorge (le menton descend vers le sternum)
- contraction de la langue (elle recule vers l'arrière du palais)
- contraction des yeux (ils se dirigent vers un point entre les sourcils légèrement à l'intérieur du crâne).

Gardez ces contractions le temps de la rétention poumons pleins mais sans forcer. Quand vous souhaitez expirer, relâchez les contractions, inspirez un peu d'air, puis expirez profondément ...

Reprenez jusqu'à 5 fois cette pratique, puis relâchez complètement.

Restez connecté avec le souffle qui va et qui vient dans l'abdomen.

Puis laissez glisser la conscience le long des différents centres psychiques en prononçant leur nom en sanscrit :

Muladhara, swadisthana, Manipura, Anahata, Vishuddha, Ajna, Bindu, Sahasrara.

Répétez ce circuit de haut en bas de plus en plus vite, plusieurs fois. Puis relâchez complètement, restez le dos droit si la position est confortable ou allongez-vous sur le sol ...

VISUALISATION :
LA CASCADE PURIFIANTE

(Cette visualisation peut servir de préliminaire à la visualisation *Le mariage divin*..)

Faites un voyage à travers tout votre corps, pour inviter chacune de ses parties à se détendre ... laissez le souffle s'installer agréablement dans le ventre ...

Imaginez un paysage de montagne, l'été ... en plein soleil ... les chants d'oiseaux ... la présence des pierres ... le son des cloches des troupeaux ... le murmure de l'eau ... et plus loin le chant d'une cascade ... vous vous approchez de cette cascade .... elle prend naissance à quelques mètres au-dessus du sol et explose en une gerbe blanche et mousseuse ... vous retirez vos vêtements et vous entrez dans la petite mare qui précède la cascade ... puis vous glissez la tête sous la chute d'eau ... l'eau vient frapper le sommet du crâne ... et pénètre à l'intérieur de la tête ... elle lave toutes les pensées négatives et limitatives ... elle enlève les voiles de l'ignorance et du doute ... elle nettoie votre regard qui devient clair et perçant comme celui d'un aigle ...

L'eau continue à glisser le long de la nuque, à l'intérieur de la gorge ... elle emporte les blocages de ce centre énergétique, les difficultés à s'exprimer, à parler, à communiquer ... et vous sentez la gorge qui s'ouvre et se déploie ...

L'eau claire et pure envahit la poitrine, les poumons et le cœur ... avec douceur et tendresse vous laissez votre cœur baigner dans cette eau comme un bébé ... qui reçoit son premier bain ... votre cœur se lave de la tristesse, des déceptions ... se dilate et s'ouvre ...

La cascade coule maintenant vers le plexus solaire, le centre de la personnalité et de l'ego ... l'eau dilue toute puissance négative ... elle emporte l'orgueil ... et la prétention ... pour ne laisser briller que la richesse de votre être ...

L'eau envahit maintenant le deuxième et le premier chakras au niveau du sacrum et des organes génitaux ... elle s'étale dans tout l'espace du bassin ... le bassin devient comme un immense lac qui se remplit calmement ... des barques et des bateaux représentant désirs et pulsions voguent tranquillement à la surface de l'eau ..

Du lac du bassin s'écoule un ruisseau qui traverse les jambes et les pieds pour rejoindre la terre ... par ce ruisseau s'écoulent toutes les peurs ... les attachements ... les émotions négatives ...

L'ensemble de votre corps et de vos centres psychiques est traversé par cette cascade d'eau pure et fraîche ... elle se transforme en une cascade de lumière d'amour ... qui coule autour de vous et en vous ... emplissant chacune de vos cellules de cet amour infini ...

Lentement quittez la cascade... sentez l'air sur votre peau ... installez-vous face au soleil ... par chacun des pores de la peau ... il nourrit votre corps physique ... mais illumine également toutes vos pensées et vos projets ...

Remettez vos habits ... visualisez votre corps étendu dans cette pièce ... amplifiez le souffle ... étirez-vous ... ouvrez les yeux.

MEDITATION

1. Eveil sur le plan physique. (Voir page 73.)

2. Portez votre attention dans le premier chakra à la racine du pénis pour l'homme et à l'entrée du vagin pour la femme. Vous visualisez une fleur de lotus à 4 pétales... le cœur de la fleur est rouge... vous imaginez et ressentez l'air qui pénètre par ce centre, ouvrant les pétales du lotus sur l'inspir... et l'air qui ressort par ce même centre sur l'expir, répandant la couleur rouge tout autour du chakra dans les organes correspondant. Pratiquez 7 respirations comme ceci.

Effectuez la même pratique avec les autres chakras en visualisant pour :

- swadisthana : un lotus à 6 pétales au cœur orange
- Manipura : un lotus à 10 pétales au cœur jaune
- Anahata : un lotus à 12 pétales au cœur vert
- Vishudda : un lotus à 16 pétales au cœur bleu

- Ajna : un lotus à 2 grands pétales au cœur indigo

- Sahasrara : un lotus à 1000 pétales de lumière étincelante.

Puis observez et visualisez les deux premiers chakras ensemble... puis les trois premiers ... jusqu'à parvenir à visualiser tous les lotus ensemble.

VISUALISATIONS GUIDEES
POUR VIVRE L'ASTROLOGIE   *Richard Carroll*

Cet ouvrage très original et d'une grande force évocatrice vous entraîne en vous-même à la découverte de l'astrologie intériorisée et vécue. Planètes, signes du zodiaque et maisons sont présentés au cours de visualisations guidées vous permettant de vous placer vous-même au centre de la compréhension profonde de ces éléments.

RELAXATIONS GUIDEES
POUR LES ENFANTS   *Farida Benet*

Ce livre s'adresse aux parents et aux éducateurs, pour pratiquer avec un ou plusieurs enfants. Pour stimuler les facultés créatrices de l'enfant ou l'aider quand il est fatigué, énervé, souffre d'un «petit bobo» ou d'un chagrin, ces relaxations sont classées par thème et se prêtent à d'infinies variations.

MEDITATIONS GUIDEES POUR S'EPANOUIR
DANS LE NOUVEL AGE   *Corriya*

Ces 18 méditations guidées pour une vie plus pleine et une conscience plus ouverte s'appliquent à toutes les circonstances de votre vie : résoudre un conflit, mieux dormir, faire un choix, être plus efficace au travail, etc. Pour un minimum d'efforts, elles vous apportent tous les bénéfices de la visualisation. Déjà en les lisant, vous vous sentirez inspiré, plus centré, vous éprouverez davantage de clarté et de force.

MEDITATIONS GUIDEES
AVEC LES COULEURS   *J.-C.Nobis*

Chaque couleur possède des vertus spécifiques dont nous pouvons bénéficier. Dans la première partie du livre, vous choisissez entre 12 couleurs selon votre état ou objectif du moment, pour vous relier à votre Moi supérieur et harmoniser votre aura. La deuxième partie vous invite à utiliser les couleurs pour votre santé physique.

MEDITATIONS GUIDEES
AVEC LES CRISTAUX   *Dr Jean-Luc Ayoun*

Les cristaux sont des antennes cosmiques donnant accès à de fantastiques sources de connaissance et de pouvoir. Ce livre vous propose une passionnante exploration du cosmos et de vous–même en 14 «voyages» précédés de toutes les indications nécessaires.

**D'autres titres sont en préparation
dans cette collection.
Demandez le catalogue complet
des Editions Recto Verseau.**

Chez le même éditeur, dans d'autres collections :

REIKI force universelle de vie   *Barbara C. Strübin*
Ce livre vous présente la théorie et la pratique détaillée du Reiki. Au moyen des mains, l'énergie de vie universelle est dirigée dans l'organisme. Nous nous sentons énergétisés, équilibrés et guéris sur tous les plans : : physique, psychique et spirituel. Le Reiki est l'énergie de vie elle-même. Plus vous la recevez, plus vous avez de force pour vivre, agir, penser, réaliser. Vous pouvez l'utiliser pour vous-même ou la donner plus loin aux personnes, aux animaux, aux plantes, aux choses et aux situations.

REIKI ET CRISTAUX *Barbara Chinta Strübin*

Qui dit Reiki parle de cette étincelle qui fait jaillir la vie et entretient sa flamme en nous. Nous sommes des cristallisations de cette flamme autour de l'axe de notre conscience, tout comme les cristaux sont une matérialisation de la conscience universelle autour de sa volonté créatrice.

Les cristaux peuvent donc nous guider vers une compréhension plus vaste de cette conscience universelle et nous aider à canaliser les vibrations de vie qui sont indispensables à notre santé physique, psychique et spirituelle.

Cet ouvrage guidera les praticiens en Reiki, ainsi que toute personne intéressée par le travail de guérison et le développement de son potentiel personnel. Il présente des méthodes simples et efficaces d'utilisation des cristaux intégrée à la pratique du Reiki..

COURS D'UTILISATION DES ESSENCES DE FLEUR DU DOCTEUR BACH *P. Danielle Tonossi*

Ce livre vous permet d'acquérir le savoir nécessaire :
- sur la démarche du docteur Bach - sur les sept groupes d'harmonisants - sur chacune des 38 essences présentées sous une forme originale : « l'essence parle et se raconte » - sur les gouttes d'urgence - sur le choix et l'utilisation des harmonisants. Pour vous permettre de vous situer, ce livre vous propose aussi : - un test de vos connaissances - un examen d'aptitudes - des exemples...

Lorsque le docteur Bach découvrit le rôle des émotions dans les maladies de ses patients, il se démarqua de la médecine officielle. Ses remèdes de fleurs mis au point dans les années trente sont d'une étonnante modernité. Ils rejoignent la prise de conscience actuelle selon laquelle toute maladie est d'abord une maladie de l'âme qui, si l'on ne réagit pas, descend ensuite dans le corps physique.

Catalogue complet sur simple demande